पतझर

पतझर

रांगेय राघव

अनन्य प्रकाशन

प्रकाशक : **अनन्य प्रकाशन**
ई-17, पंचशील गार्डन, नवीन शाहदरा
दिल्ली-110032
फोन नं. 011-22825606, 22824606
E-mail : prakashananya@gmail.com

प्रथम संस्करण : 2023

आईएसबीएन : 978-81-961081-6-8

मूल्य : ₹ 95

शब्द-संयोजन : कम्प्यूटेक सिस्टम, दिल्ली-110032

मुद्रक : हर्ष प्रिंटर्स, दिल्ली-110094

PATAJHAR
by Rangeya Raghava

1

"यह मेरे पास जो पता है यह ठीक है? डॉक्टर साहब यहीं रहते हैं क्या?"

"कौन-से डॉक्टर साहब?"

"डॉक्टर सक्सेना! वे जो अभी विलायत से पढ़कर आए हैं, दिमाग का इलाज करते हैं न, वे ही।" उस आदमी के स्वर में परेशानी थी जैसे वह समझ नहीं पा रहा था कि वह अपने को कैसे अभिव्यक्ति दे। पढ़ा-लिखा आदमी था। आयु लगभग पचास वर्ष। दूसरे आदमी की आँखों पर चश्मा लगा हुआ था। उसने कहा, "आप जिनकी तलाश कर रहे हैं उन्हीं की तलाश मैं भी कर रहा हूं।"

"अच्छा! तो आप उनसे मिल लिए?"

"कहां साहब, जैसे आप अभी आए हैं वैसे ही मैं भी आया हूं।"

"आप इसी शहर में रहते हैं?"

"जी हाँ, मैं इसी शहर में रहता हूँ।"

"कहां?"

"बापू नगर। और आप?"

"बनी पार्क।"

"आपका शुभ नाम?"

"हरबंसलाल! और आपका?"

"दीनानाथ!"

दोनों आदमी सड़क के किनारे हट गए। त्रिपोलिया की भीड़ इधर से उधर जा रही थी और उन लोगों को जैसे इससे मतलब नहीं था। मोटर, तांगे, रिक्शे, कोलाहल, आवागमन! दीनानाथ ने कहा, "मैं कल भी आया था।"

हरबंसलाल ने उत्तर दिया, "आप कल ही आए थे, मैं तो परसों भी आया था।"

"आप जयपुर के पागलखाने में नहीं गए? सुनते हैं, वहां भी कोई डॉक्टर हैं। वे अमेरिका से लौट कर आए हैं।"

"जी, देख लिया उन्हें, पर मेरा केस ऐसा नहीं है। मैं समझता हूं पागल हो जाना इस तरह की बीमारी से अच्छा है। मैंने एकाध डॉक्टर को दिखलाया था, वे कहते हैं, न्यूरोटिक पेशेंट है। अब न्यूरोसिस क्या चीज़ है! भगवान जाने, इन डॉक्टरों की माया को! जिस बीमारी को समझ नहीं पाते उसके लिए एक नाम अंग्रेज़ी का दे दिया जाता

है। सीधी-सी बात है, आप खटाई नहीं खा सकते। आपको खटाई खाने से नुकसान हो जाता होगा, बादी-वादी का दर्द हो जाता होगा, लेकिन यह वे नहीं कहेंगे। डॉक्टर कहेंगे, खटाई से आपको एलर्जी हो जाएगी। क्या साहब! यह डॉक्टरों का धन्धा है। धन्धा क्या, इसे तिजारत कहिए, सौदागरी। इसका हिन्दी में तर्जुमा नहीं हो सकता। आधे से ज्यादा धोखाधड़ी इन डॉक्टरों की अंग्रेज़ी के बल पर चलती है। ऐसे लफ्ज़ बोलते हैं जिनको हम समझ नहीं सकते।''

''आप तो पढ़े-लिखे आदमी हैं, फिर ऐसी बात करते हैं?''

उसी समय साइनबोर्ड के नीचे एक नौकर दिखाई दिया।

''वह देखो,'' दीनानाथ ने कहा, ''कोई आदमी नज़र आता है।''

दोनों आगे बढ़े। हरबंसलाल ने नौकर से कहा, ''भाई, डॉक्टर साहब कब आएंगे?''

नौकर ने कहा, ''डॉक्टर साहब चार दिन से बाहर चले गए हैं। आगरे में कोई केस था। बड़े-बड़े डॉक्टर उसे नहीं सुलझा सके। डॉक्टर साहब को तार दिया गया और पांच सौ रुपये रोज़ पर वे गए हुए हैं।''

दीनानाथ ने हरबंसलाल की ओर देखा। लेकिन हरबंसलाल का चेहरा भावहीन बना रहा।

''कब तक आ जाएंगे?'' हरबंसलाल ने पूछा।

''आप लोग अपने पते छोड़ जाइए, कल तक उम्मीद है डॉक्टर साहब के लौट आने की। आप टेलीफोन का नम्बर ले लीजिए और फोन कर दीजिएगा; और देखिए, फोन करें तो सुबह नौ बजे से ग्यारह बजे तक और शाम को तीन बजे से पांच बजे तक। बाकी वक्त डॉक्टर साहब घर पर पढ़ते हैं या मरीज़ों को देखते हैं। नये मरीज़ों के बारे में बात नहीं करते।'' और उसने कहा, ''नम्बर लिख लीजिए।''

2

''डॉक्टर साहब, यह मेरा लड़का है जगन्नाथ। कॉलेज में पढ़ता था। इसने एम.ए. किया पारसाल। इसके बाद आर. ए. एस. की तैयारी में लग गया। अच्छे नम्बरों से पास भी हुआ होगा लेकिन जब इंटरव्यू के लिए इसे बुलाया जा रहा था, न जाने इसका दिमाग सनक गया! किसी बात को पूछो, यह कहता है कि मुझे कुछ दिखाई नहीं देता। पहले हमारा ख्याल था कि इसकी आंखें कमज़ोर हैं। हमने इसको डॉक्टर को दिखाया। आई[1] टेस्ट कराई। आखिरी लाइन तक पढ़ गया। आंख के डॉक्टर ने हमसे कहा कि आप इन्हें यहां फिजूल ही ले आए। इनको आँख की बीमारी नहीं, दिमाग की बीमारी है, क्योंकि इनको सब दिखाई पड़ता है। हमने कई और डॉक्टरों को भी दिखाया, लेकिन कोई नतीजा

1. आँख

नहीं निकला। इसकी उम्र करीब बाईस साल की है। एक भाई है इसका, सरूपनाथ। वह इस साल बी. ए. में है, छोटा है इससे।''

''आप क्या काम करते हैं!'' डॉक्टर ने पूछा।

''मैं ए. जी. ऑफिस में हूं। मेरी गज़ेटेड रैंक है। लेकिन आप जानते हैं कि हम लोग बहुत साधारण परिस्थिति के लोग हैं। लोगों ने मुझे सलाह दी कि मैं इसे विलायत ले जाऊं। मेरी इतनी हैसियत कहां! क्यों डॉक्टर साहब, यह देखता है, आंखें ठीक हैं, इसको सनक बैठ गई है क्या?''

सामने बैठे हुए लड़के ने धीरे से कहा, ''नहीं पिताजी! यह मेरी सनक नहीं। मुझे कुछ दिखाई नहीं देता।''

डॉक्टर ने कहा, ''हां, हां, नहीं दिखाई देता होगा।'' और फिर जैसे डॉक्टर को कुछ याद आया, उसने कहा, ''अरे भोला, मेरी घड़ी कहां रख गया!'' और फिर उसने लड़के से मुड़कर कहा, ''जगन्नाथजी, आपके पास घड़ी है?''

''जी हां, है!''

''क्या टाइम है आपकी घड़ी में?''

लड़के ने घड़ी देखी और कहा, ''साढ़े दस बजे हैं।''

डॉक्टर ने सिर हिलाकर दीनानाथ की ओर देखा और कहा, ''ठीक है, इनके दिमाग में खुश्की आ गई है, क्योंकि इनका पेट ठीक नहीं रहता है। मैं इनको हाज़मे की दवाई दूंगा, ठीक हो जाएगा। कोई बीमारी नहीं है। यह लीजिए जगन्नाथजी, यह गोली खाइएगा रात को।'' डॉक्टर ने गोली निकालकर उसको दे दी और कहा, ''अब आप जाइए। कल मेरे पास दस बजे आइए यहीं।''

लड़का उठ खड़ा हुआ। उसने कहा, ''मैं जाता तो हूं डॉक्टर साहब, लेकिन मुझे कुछ दिखाई नहीं देता। मैं जाऊंगा किस तरह?''

''आप आए किस तरह थे?''

''पिताजी के साथ आया था।''

''आप चलिए। आपके पिताजी आ रहे हैं। रास्ता तो आपका देखा हुआ है न?''

''जी हां, रास्ता तो देख रखा है मैंने।''

डॉक्टर ने कहा, ''ठीक है। आप चलिए, वे आते हैं।''

लड़का चला गया।

दीनानाथ ने डॉक्टर की ओर चिंता-भरी दृष्टि से देखा और कहा, ''डॉक्टर साहब, इस लड़के को मैंने बड़ी उम्मीदों से पाला है। यह बड़ा ब्रिलियेंट[1] है; लेकिन जाने क्या हो गया है इसको, मेरी समझ में नहीं आता।'' कहते-कहते दीनानाथ का सिर उदासी से झुक गया। निराशा आंखों से झरने लगी।

डॉक्टर सक्सेना गेहुंए रंग का आदमी था। क्लीन शेव्ड, सूट पहने था। उसके सिर

---

1. होनहार

पर खूबसूरत बाल थे, जिनमें वह तेल नहीं डालता था।

डॉक्टर दीनानाथ की ओर देखता रहा और बोला, ''आप मुझे इस लड़के की कुछ हिस्ट्री बता सकते हैं?''

दीनानाथ ने कहा, ''जी हां।''

डॉक्टर ने कहा, ''ठहरिए, मैं ज़रा लिखता चलूं।'' डॉक्टर ने अपना फाउण्टेन पेन उठा लिया और वह सवाल पूछने लगा। जब वह किसी बात को आवश्यक समझता तो शीघ्रता से कुछ लिख लेता।

''क्या कहा आपने?'' डॉक्टर ने कहा, ''कविताएं लिखता था! वेरी गुड! और कोई बड़ा संकेत हो। इसने मैट्रिक कब किया?''

दीनानाथ ने कहा, ''यह सब मैं आपको बताता हूं, आप लिखते चलिए।''

डॉक्टर लिखता रहा। उसने कहा, ''ठीक है, आप इससे ज़्यादा कुछ नहीं जानते?''

दीनानाथ ने कहा, ''इससे ज़्यादा जानने लायक कुछ है भी नहीं। मैं समझता हूं, मैंने आपको सब कुछ बता दिया है। मैंने इस लड़के के भाई से जांच की, मां से भी पूछा था।''

''और कोई बात आप मुझे नहीं बता सकते?''

''आप पूछिए!'' दीनानाथ ने विरक्ति के स्वर में कहा।

सक्सेना ने कहा, ''नहीं, आपसे पूछने से काम नहीं चलेगा। मैं खुद उससे पूछूंगा।''

''क्या मैं अन्दर आ सकता हूं?'' दरवाज़े पर एक आदमी दिखाई दिया। दीनानाथ ने पहचाना, हरबंसलाल था। इससे पहले कि डॉक्टर कुछ कहता, दीनानाथ ने कहा, ''आइए, आइए!'' फिर डॉक्टर से मुड़कर कहा, ''मेरी तरह आप भी काफी दिनों से आपकी तलाश में घूम रहे थे।''

डॉक्टर ने खाली कुर्सी की ओर इशारा करके कहा, ''कहिए, मैं आपकी क्या सेवा कर सकता हूं?''

हरबंसलाल ने कहा, ''मुझे आपसे एक ट्रीटमेंट[1] करवाना है।''

''जी हां, और मैं बैठा ही किसलिए हूं। पेशेंट[2] को आप लाए हैं?''

''इससे पहले कि मैं पेशेंट को यहां लाता, मैं आपसे उसके बारे में कुछ बातचीत कर लेना चाहता हूं।''

डॉक्टर ने कहा, ''तो ठीक है!'' और उसने दीनानाथ की ओर इशारा करते हुए कहा, ''मैं अपनी बात इनसे खत्म कर लूं, उसके बाद आप मुझे अपनी बात बताइए!'' और फिर उसने दीनानाथ से कहा, ''मैं मरीज़ का इस तरह इलाज नहीं करता कि एकाध दिन के लिए गोली दे दी या एक खुराक रात को दे दी। देखिए सवाल यह है कि मर्ज़ पैदा कहां से होता है। आप मेरी बात सुनने के लिए तैयार हैं?''

हरबंसलाल ने दीनानाथ की ओर देखा और दोनों आदमी मुड़कर डॉक्टर की ओर

---

1. इलाज, 2. मरीज़,

देखने लगे। दोनों की आंखों में उत्सुकता थी। डॉक्टर ने कहा, ''देखिए, दुनिया में सबसे पहले बीमारी को देवताओं का क्रोध माना जाता था। इन्सान के तजुर्बे ने उसको यह सिखाया कि रोग शरीर में होते हैं और उसके बाद उसने लाखों एक्सपेरीमेंट[1] करके यह नतीजा निकाला कि रोग अलग-अलग तरीके के होते हैं। उसके बाद हज़ारों सालों में तजुर्बे से उसने यह सीखा कि कुछ चीज़ें खाने से कुछ रोग हो जाते हैं, मिट जाते हैं या बढ़ जाते हैं। तो पहले वह देवताओं को बलि देता था उन्हें खुश करने के लिए। फिर, वह यह समझता था कि आत्मा ही रोग पैदा करती है। इसलिए उसने झाड़-फूंक के तरीके निकाले। मंत्र के जादू का इस्तेमाल किया और बाद में जड़ी-बूटियों की दवाएं बनाने लगा। अब ये जो दवाएँ बनाई जाती है उनके कई तरीके आपके सामने हैं। कुछ उनको एलोपथी कहते हैं, कुछ आयुर्वेद, कुछ होमियोपैथी, कुछ यूनानी, कुछ बायोकेमिक, कुछ क्रोमियोपैथी यानी कि अब लोग समझते हैं कि उस जगह पहुंचने के लिए अलग-अलग जगह से आदमी पहुंच सकता है। आप इनमें से किसी से पूछिए कि रोग का मूल कारण क्या है तो आप एलोपैथ का जवाब यह पाएंगे कि जिस्म में एनजाइन्स में गड़बड़ी हो जाती है तो रोग प्रकट होता है। बैक्टीरिया और कीटाणुओं को वह देख पाता है, उससे वह रोग बताता है। लेकिन वह यह नहीं बताता कि यह रोग शुरू क्यों हुआ, किन रासायनिक प्रक्रियाओं से ये गड़बड़ियां शुरू हुईं। आयुर्वेदिक वाले मानते हैं कि शरीर में तीन तरह की चीज़ें हैं—वात, पित्त, कफ और जब उनमें कुछ व्यत्यास होता है यानी जब उनमें कुछ असमता आ जाती है तो रोग उत्पन्न होता है। यूनानी लोग यह मानते हैं कि कफ तो है ही, एक रक्त भी होता है। आप मेरी बात से ऊब तो नहीं रहे हैं?''

दीनानाथ ने कुछ विस्मित आंखों से देखते हुए कहा, ''आपकी बात तो दिलचस्प है।''

''आप कहिए,'' हरबंसलाल ने कहा।

''डॉक्टर साहब,'' दीनानाथ ने फिर कहा, ''आप पहले डॉक्टर हैं जो ये सब बातें हमसे कह रहे हैं, वरना डॉक्टर तो कहते हैं कि तुम क्या जानो, तुम्हारे सामने तो हम कह ही नहीं सकते। जानकार तो हम हैं।''

''वे भी अपनी जगह ठीक कहते हैं,'' डॉक्टर सक्सेना ने कहा, ''क्योंकि वे लोग एक सीमित ज्ञान के मालिक होते हैं। और क्योंकि उनका शास्त्रीय ज्ञान होता है, वे आप जान नहीं सकते, इसलिए वे आपको बताते नहीं। मैं यह कह रहा था कि इसके बाद आप होमियोपैथ के पास जाइए तो उनकी थ्योरी यह है कि आदमी में मन, बुद्धि, चित्त, अहंकार होते हैं। ये उनका वाइटल फोर्स होता है यानी मूल शक्ति। इस मूल शक्ति को जब दूसरी शक्ति से टकराना पड़ता है तो उससे जो विक्षोभ पैदा होता है उससे रोग पैदा होते हैं। आप समझ रहे हैं?''

दीनानाथ ने कहा, ''जी हां। कुछ-कुछ समझ में आ रहा है।''

---

1. प्रयोग

''इसलिए उनका कहना यह है,'' डॉक्टर ने फिर कहा, ''कि रोग का उपचार तभी हो सकता है जब ऐसी सूक्ष्म ओषधि दी जाए जो मानसिक प्रभाव डाल सके और इसको वे लोग करके भी काफी हद तक दिखाते हैं। आप लोगों ने फ्रायड का नाम सुना है?''

''फ्रायड को कौन नहीं जानता साहब!'' हरबंसलाल ने कहा। ''फ्रायड ने यह साबित किया है कि सब चीज़ें काम-शक्ति की वजह से चलती हैं और मनुष्य का एक अवचेतन होता है जिसको सब-कांशस बोलते हैं।''

''ठीक है, ठीक है!'' डॉक्टर सक्सेना ने कहा, ''लेकिन मैं उसको भी पूरी तरह से नहीं मानता। फ्रायड की इस बात को मैं मानने के लिए तैयार नहीं कि अवचेतन में केवल काम होता है। मनुष्य का अवचेतन एक विराट शक्ति है। यह एक पहेली अभी तक बनी हुई है कि हम जिसे ज्ञात मस्तिष्क कहते हैं इससे हम सब काम करते हैं, वह इतना सीमित क्यों होता है और अवचेतन जिससे हम काम नहीं कर पाते वह इतना अथाह समुद्र जैसा क्यों होता है। भारतीय योगियों ने उस अवचेतन को ही जगाने की कोशिश की थी। उन्होंने योग की कई पद्धतियों को अपनाया—राजयोग, कर्मयोग, भक्तियोग, हठयोग। इनके प्रयोगों और अनुभवों ने बताया है,'' डॉक्टर ने दोनों हाथ फैलाकर कहा, ''खैर, इस बात को फ्रायड तो क्या समझता, उसके पीछे इसकी परम्परा नहीं थी, लेकिन भारतीय योगियों ने, खासतौर पर हठयोगियों ने, यह प्रमाणित किया कि यह जो स्थूल देह है, यह अपने-आपमें मन से शासित की जाती है। अगर मैं आपको यह बताने लगूं कि भारत में कई तरह की विचारधाराएं थीं जिनमें से कुछ यह मानते थे कि रीढ़ की हड्डी यानी मेरुदण्ड के कालकुहर में एक आकाश होता है।''

''जी।'' हरबंसलाल ने कहा, ''क्या फरमाया आपने?''

''मैं आपका शुभ नाम पूछ सकता हूं?'' डॉक्टर ने कहा।

''मुझे हरबंसलाल माथुर कहते हैं।''

''आपने हिन्दी पढ़ी है?''

''जी? मेरा तो अब आके हिन्दी से पाला पड़ा है जब से यह आज़ादी मिल गई है वरना अपने ज़माने में तो बच्चे जब शुरू में पढ़ा करते थे, जब गणेशजी की पूजा करते थे तब अपने यहां तो मखतब हुआ करता था। अब देखते हैं कि सब जगह श्रीगणेशाय नमः होने लगा है। बस हिन्दी तो इतनी ही जानता हूं कि नाम लिख सकूं। कायस्थों में तो आप जानते ही हैं। वैसे मैं तो काफी सीख चला हूं।''

डॉक्टर सक्सेना ने टोककर कहा, ''सब कायस्थों में नहीं। बहुत-से कायस्थों ने हिन्दी साहित्य में बहुत नाम कमाया है—रामकुमार वर्मा, महादेवी वर्मा, धीरेन्द्र वर्मा। खैर, इस बात को जाने दीजिए, मैं अपनी बात कहूँ, तो कुछ लोग कापालिक हुआ करते थे। कापालिकों की एक फिलॉसफी है। तो वे लोग यह मानते थे कि शरीर में पांच तरह के अमृत होते हैं, मल, मूत्र, वीर्य...''

''जी!'' हरबंसलाल ने फिर पूछा, ''आपने क्या फरमाया? किन चीज़ों का नाम लिया आपने?''

"क्यों नहीं समझेंगे आप ये सब चीज़ें! आपके अन्दर ये मौजूद हैं। वे लोग इनको अमृत कहा करते हैं। वे लोग इनकी सिद्धि किया करते थे। और वे लोग मानते थे कि शरीर में चक्र हुआ करते हैं। नाथयोगी भी यह मानते हैं कि शरीर में चक्र होते हैं और इन चक्रों में होकर कुंडलिनी ऊपर चढ़ती है। आजकल के साइंटिस्टों ने इंसान की चीराफाड़ी की और उसके जिस्म को अन्दर से देखा तो यह सब मानते हैं कि शरीर में कुछ प्लेकसेस होते हैं। जिनको ये लोग प्लेक्सेस कहते हैं, उन्हीं को योगी लोग चक्र कहा करते थे। ये चक्र मानसिक सूक्ष्म अनुभूतियां हैं। आप कह सकते हैं कि ये सब बेकार की बातें हैं, इनसे कुछ नहीं बनेगा। लेकिन साहब, एक बात माननी पड़ती है कि वे ऐसे काम करके दिखा देंगे, जिनको साइंस नहीं कर सकती। आपने सुना होगा कि विलायत में हिप्नोटिस्ट होते हैं। अभी हाल में एक फेफड़े का ऑपरेशन किया गया था तो वह औरत जो मरीज़ थी उसको क्लोरोफार्म नहीं दिया गया। उसको हिप्नोटिस्टों ने सुला दिया, उसके बाद चीराफाड़ी की गई। ऑपरेशन के बाद वह औरत उठ खड़ी हुई और उसने टेलीफोन किया। उसके जिस्म में कटने के दर्द का भी कोई आभास नहीं पाया गया। हिप्नोटिज्म इस योग के अन्तर्गत आता है, जो मनुष्य के अवचेतन पर अपना प्रभाव डालता है। प्राचीन काल में चीन में कुछ लोग यह मानते थे कि देह में एक शक्ति है। शक्ति या कहिए ऊर्जा! अंग्रेज़ी में इसको इनर्जी कहते हैं। तो वे यह मानते थे कि रोग तब पैदा होता है जब उस इनर्जी के काम में कुछ गड़बड़ी हो जाती है। मसलन जिगर खराब है तो वे घुटने के नीचे किसी एक खास जगह एक सींक घुमा देते थे और थोड़े दिनों में जिगर अपने-आप ठीक काम करने लगता था। इस चीज़ पर आप भरोसा नहीं करेंगे लेकिन यह तजुर्बा करके देख ली गई है। अब मैं आपको कितनी बातें बताऊं, आप जितना सुनेंगे उतना ही आपका दिमाग उलझन में पड़ेगा। तो मेरा कहने का मकसद यह था कि मैं इलाज को दूसरे तरीके से करता हूं। आप कहेंगे कि मैं रुपया आपसे ज़्यादा लूंगा। मैं आपसे रुपया बहुत कम लूंगा। आपकी जितनी हैसियत हो और आप दे सकें, अपने मन से, उतना हिस्सा मुझे दे दीजिएगा। अभी मैं एक करोड़पति के यहां गया था, पांच सौ रुपया रोज़ तय था। मुझ पर दबाव डाला गया था एक दोस्त के ज़रिये। मैं वहां गया, वरना मैं चार दिन का इलाज करने वाला नहीं हूं। मैं वहां गया, उन्होंने मुझे दो हजार रुपये दिए, लेकिन मैंने किराये के रुपये लिए, बाकी सब वापस उनको दे दिए, क्योंकि मैंने काम तो वहां किया ही नहीं था।"

हरबंसलाल और दीनानाथ ने प्रशंसा-भरी दृष्टि से डॉक्टर की ओर देखा।

"मेरी असली कमाई," डॉक्टर ने फिर कहा, "मेरी किताबों से होती है। इसलिए मैं मरीज़ों से ज़्यादा नहीं लेता। मरीज़ों पर मैं प्रयोग करता हूं इसलिए मुझे इलाज करना ज़रूरी होता है।" और फिर उसने दीनानाथ की ओर मुड़कर कहा, "आपके लड़के को रोज़ मेरे पास आना होगा। महीना दो महीने, तीन-चार महीने में मैं रोग के कारण का पता चला लूंगा और वह ठीक हो जाएगा।" फिर उसने मुड़कर हरबंसलाल माथुर से कहा, "लीजिए, दीनानाथजी का काम हो गया। अब आप कहिए!"

दीनानाथ उठ खड़ा हुआ और उसने कहा, ''अच्छा डॉक्टर साहब, मैं चलता हूं!''

''अच्छी बात है!'' डॉक्टर ने कहा।

उसके जाने के बाद डॉक्टर ने हरबंसलाल से कहा, ''अब कहिए।''

हरबंसलाल ने कहा, ''डॉक्टर साहब, मेरी ज़िन्दगी तबाह हो गई। मेरी लड़की है बीसेक साल की। बी. ए. है। शादी मैंने उसकी एक इंजीनियर से तय कर दी है कानपुर में। शादी के चारेक महीने रह गए हैं। अब देखिए, नवम्बर खत्म होने को आ गया लेकिन उसका कुछ अजीब-सा दिमाग हो गया। बस बोलती नहीं। आप उससे बोलिए, वह गाकर जवाब देगी।''

डॉक्टर ने सिर हिलाया और कहा, ''और कुछ आप उसकी हिस्ट्री के बारे में बता सकते हैं?''

''अब, डॉक्टर साहब, हिस्ट्री-जोग्राफी पढ़े हुए तो मुझे बरसों हो गए। मैंने तो स्कूल में जोग्राफी पढ़ी थी। जब इतने बड़े मुल्क की हिस्ट्री मैंने नहीं पढ़ी तो अब एक लड़की की हिस्ट्री क्या पढूंगा। और हिस्ट्री-विस्ट्री क्या होती है, डॉक्टर साहब! एक बार मैं एक होमियोपैथ के यहां गया था, मेरे बायें हाथ में दर्द था। उन्होंने पूछा, कभी आप बचपन में चोट खा गए थे इस हाथ में? मैंने कहा, हां, करीब पैंतीस साल पहले क्रिक्रेट की गेंद उछलकर मेरे हाथ पर गिरी थी। वे बोले, तो फिर वही दर्द उखड़ आया है।''

डॉक्टर सक्सेना बोला, ''आप अपनी लड़की को लेकर कल आइए! मैं उसे देख लूं! लेकिन एक बात है, मैं आपसे पहले से कह दूं। इलाज का मेरा एक तरीका है। लड़की को मेरे पास रोज़ आना पड़ेगा।''

''रोज़?''

''जी हां, रोज़!''

''तो ठीक है, उसके भाई के साथ भेज दिया करूंगा।। टेन्थ में पढ़ता है वह लड़का।''

डॉक्टर ने फिर कहा, ''मैं उस लड़की से अकेले में सवाल-जवाब करूंगा। लड़का बरामदे में बैठा रहेगा।''

''जी हां, जी हां!'' हरबंसलाल ने कहा, ''उसमें कोई बात नहीं है। मैं तो डॉक्टर साहब, लड़की को पाल-पोसकर बड़ा कर चुका। बाप होने के नाते मेरा इतना ही फर्ज था। अब उसका दिमाग ठीक करने का काम आपका। अब मां हैं तो आप, और बाप हैं तो आप! आगे जहां तक रुपयों का सवाल है...''

डॉक्टर ने कहा, ''वह आप मत उठाइए! वह कोई ऐसी बड़ी बात नहीं है।''

''आप समझते हैं, डॉक्टर साहब, कि लड़की ठीक हो जाएगी?''

डॉक्टर ने सिर हिलाकर कहा, ''यह मैं आपसे पहले से कैसे वायदा कर सकता हूं? मैं आपसे कुछ रुपया नहीं ले रहा हूं। पहले मैं लड़की को देख लूं, उसके रोग का कारण पता चलाने की कोशिश करूंगा। अगर आपको जल्दी कोई उस लड़की को ठीक करने वाला मिले, तो ज़रूर उसके पास ले जाइए!''

''मैं ले गया था, डॉक्टर साहब!'' हरबंसलाल ने कहा, ''एक अमेरिका से लौटे

हुए डॉक्टर साहब थे। उन्होंने पहले तो उसके खूब सुइयां लगाईं। उसके बाद बोले, 'मैं इसका शॉक ट्रीटमेंट करूंगा।' डॉक्टर साहब, उस वक्त सिर्फ लड़की चुप रहती थी, लेकिन बिजली के झटके लगने के बाद उसने गाना शुरू कर दिया। अब बताइए, हज़ार पांच सौ रुपया तो मेरा खा गए। मैंने कहा था कि लड़की का बोलना शुरू होना चाहिए, उन्होंने गाना शुरू करवा दिया। अब मैं इसका क्या इलाज करूं?''

डॉक्टर साहब ने मुस्कराकर कहा, ''अब यह तो आप उन्हीं से पूछिए। मैं आपसे क्या अर्ज़ करूं!''

''तो मैं लड़की को कल भेज दूं?''

''ज़रूर।''

''आप कोई दवाई भी देते हैं?''

''मैं कोई दवाई नहीं देता, लेकिन मरीज़ पर असर डालने के लिए मैं उसे मिल्क-शुगर की गोलियां दे दिया करता हूं ताकि वह यह समझे कि उसका इलाज़ हो रहा है। वैसे ज़रूरत पड़ने पर तो दवा देनी ही पड़ती है।''

3

''आइए, जगन्नाथजी, बैठिए। आपका मर्ज़ आपको बहुत परेशान कर रहा है और आप अपनी कविताएं भी नहीं लिख पा रहे हैं। क्या यह ठीक है?''

जगन्नाथ ने बैठकर कहा, ''आपको क्या मालूम कि मैं कविताएं लिखता हूं?''

''लिखता हूं नहीं, यों कहिए लिखता था।''

जगन्नाथ ने कहा, ''साहब, आपको कैसे मालूम हुआ?''

डॉक्टर ने मुस्कराकर कहा, ''आप यह मत भूलिए, मैं कौन हूं। मैं अन्दर की बात जान लेता हूं। कहिए सच बात है, आप कविता लिखते थे?''

''हां, डॉक्टर साहब, लिखता था।''

''लेकिन अब नहीं लिखते और इसलिए नहीं लिखते कि आपको यह लगता है कि आप जो कुछ लिखना चाहते हैं वह आपके मन में तो है लेकिन उसे प्रकट करने के लिए आपके पास शब्द नहीं हैं। मैं ठीक कहता हूं? आपको कुछ दिखाई दे रहा है?''

''नहीं, डॉक्टर साहब, मुझे कुछ नहीं दिखाई दे रहा है।''

''आपने क्या-क्या सब्जेक्ट्स पढ़े हैं?''

''मैंने, डॉक्टर साहब, इकॉनोमिक्स, इंग्लिश लिट्रेचर और हिन्दी तो बी. ए. में लिए थे। एम. ए. मैंने हिन्दी में ही किया है।''

''डॉक्टर ने सिर हिलाया और कहा, ''आप सिगरेट पीते हैं?'' और सिगरेट का पैकेट उसकी ओर पेश किया।

लड़के ने सिगरेट की ओर हाथ बढ़ाया और फिर कहा, ''लेकिन, डॉक्टर साहब,

आपके सामने पीता हुआ मैं क्या अच्छा लगूंगा?''

डॉक्टर ने कहा, ''नहीं, नहीं, क्या बात है पिओ! सिगरेट पीने वालों में तो भाईचारा हुआ करता है। सिगरेट पीने वालों में कोई फर्क थोड़े ही हुआ करता है। आजकल आप कितनी सिगरेट पी लेते होंगे?''

''मैं, डॉक्टर साहब, पहले तो करीब एक पैकेट पिया करता था। अब तीन पिया करता हूं। तीन से चार भी हो जाते हैं।''

''आपको कुछ खुश्की अपने होंठों पर मालूम नहीं पड़ती?''

''पड़ती है, डॉक्टर साहब, अच्छा लगता है। जलन मुझे अच्छी लगती है।''

डॉक्टर ने क्षण-भर उसकी ओर देखा और कहा, ''जब से हिन्दुस्तान आज़ाद हुआ है लोगों की जलन का रंग बदल गया है। पहले लोग वतन को आज़ाद कराने के लिए दिल-जले बने फिरते थे और उसके बाद अब पैसे के पीछे दौड़ रहे हैं। आप भी दौड़ रहे हैं?''

''नहीं, डॉक्टर साहब, यह बिल्कुल गलत है। मैं पैसे के पीछे बिलकुल नहीं दौड़ रहा हूं। पिताजी कह रहे हैं इसलिए मैं यह सब काम कर रहा हूं। आर. ए. एस. वारेएस में बैठा हूं लेकिन अगर आप मेरे दिल से पूछें तो मुझे इस सबकी कुछ चाहना नहीं है।''

''तो आपको किसकी चाहना है?''

''यह मैं आपको कैसे कहूं, डॉक्टर साहब! मैं खुद कुछ समझ नहीं पा रहा हूं। मुझे कुछ दिखाई नहीं दे रहा है।''

''दिखाई नहीं देता या आप देखने की कोशिश नहीं करते? आपका पूरा नाम क्या है?''

''जगन्नाथ शर्मा।''

''अच्छा तो आप शर्मा हैं। शर्मा, कौन-से शर्मा हैं आप?''

''जी, हम सनाढ्य हैं।''

''आपकी कुछ हिस्ट्री में तो जानकारी नहीं है, जगन्नाथजी?''

''नहीं, डॉक्टर साहब, मेरी कोई खास जानकारी नहीं है। वैसे मैंने पढ़ा बहुत है और फिलॉसफी में मुझे बड़ा इंट्रेस्ट है, लेकिन मैं यह समझता हूं, ये जितने भी दार्शनिक हुए हैं उन्होंने अटकलें बहुत हांकी हैं और फिलॉसफी कुछ अजीब तरीके से पढ़ाई जाती है। हम लोगों के जो मॉरल वैल्यूज हैं यानी कि नैतिक मूल्य हैं, वे सब गिर रहे हैं। बीसवीं सदी में विज्ञान का इतना विकास हुआ है। पहले हम परमात्मा से डरते थे, अब नहीं डरते। पहले हम समझते थे कि सारी दुनिया इंसान के लिए पैदा हुई है, लेकिन अब ऐसा नहीं माना जाता। अब जिस दुनिया में यह माना जाए कि एक क्रम बहुत दिन से चलता चला आ रहा है, उसमें बहुत दिन बाद इन्सान नामक जानवर आया, वहां यह कैसे माना जा सकता है कि हम लोग जिस भाग्य-चक्र में घूम रहे हैं, वह कोई असली चीज़ है या कोई ऐसा परमात्मा भी है जो हम लोगों में दिलचस्पी लेता है! आप, डॉक्टर साहब, नियति को मानते हैं?''

डॉक्टर ने कहा, "नियति से आपका क्या मतलब है? अगर आप इसे नियति मानते हैं कि सूरज एक टाइम पर उगेगा और एक टाइम पर डूब जाएगा या चांद फलाने वक्त उगेगा और फलाने वक्त आंखों से ओझल हो जाएगा, दुनिया के दूसरे हिस्से में चला जाएगा या कोई खास दिन ग्रहण पड़ेगा तो इसको नियति कह सकते हैं। और मानना पड़ेगा कि पहले से बताया जा सकता है कि ग्रहण किस दिन पड़ेगा और लोग बताते हैं और हिसाब ठीक बताते हैं। अब तो साइंसवाले यहां तक बता सकते हैं कि राकेट फलाने वक्त उड़ेगा, इतने सेकिंड तक यहां रहेगा, इतने सेकिंड वहां रहेगा और फिर चन्द्रमा का चक्कर लगाकर लौट आएगा। इस सबको आप नियति नहीं कहेंगे तो क्या कहेंगे, जगन्नाथजी? मैं अपने तरीके से तो यही समझता हूं कि यह जो सारी दुनिया चल रही है यह बेवजह नहीं चल रही है। आपने कार्ल मार्क्स को पढ़ा है?"

"खूब पढ़ा है, डॉक्टर साहब!"

"तो", डॉक्टर ने कहा, "डायलेक्टिकल मैटीरियलिज्म का सिद्धान्त आज दुनिया में बहुत व्यापक रूप से माना जा रहा है। लेकिन उन लोगों का कहना यह है कि हम बिना विज्ञान के किसी चीज़ को अगर मान लेते हैं तो यह एक कल्पना को सत्य मान लेने के समान है, जिसका कोई प्रमाण नहीं है। इसलिए क्योंकि हम उस चीज़ को जानते नहीं, हमें पहले से उसका नाम नहीं रख लेना चाहिए। लेकिन, जगन्नाथजी, जिस क्रम-विकास में यह मनुष्य इस पृथ्वी के ऊपर बहुत दिनों में आया है तो यह सोचने के लिए मजबूर होना पड़ता है कि जब यह आदमी नहीं था तब यह दुनिया क्यों थी? तब यह आखिर क्यों बनी थी? आप किसी साइंटिस्ट से जाकर पूछें कि बच्चा क्यों पैदा होता है तो वह आपको जवाब देगा कि यह सवाल पूछने का तरीका गलत है। वह आपको यह बताएगा कि बच्चा किस तरह पैदा होता है। वह आपको यह सारा प्रोसेस और प्रणाली या प्रक्रिया समझा देगा। आप समझ जाएंगे कि बच्चा क्यों पैदा होता है। तो साइंटिस्ट यह कहता है कि इसी तरह इस सृष्टि का भी विकास हुआ है और जैसे-जैसे हम विकास की प्रक्रियाओं को समझते जाएंगे, हम सारे रहस्य को भी समझते जाएंगे। आपने डॉक्टर बर्नल का नाम सुना है?"

"जी हां।" जगन्नाथ ने कहा, "बर्नल की थ्योरी मैंने पढ़ी है लेकिन वह अभी सब लोगों ने स्वीकार नहीं की है।"

डॉक्टर ने कहा, "खैर, स्वीकार तो इसलिए नहीं की है कि अभी उसके पीछे वे प्रयोग नहीं दे सके हैं। लेकिन वे जो यह कहते हैं कि जीवन प्रारम्भ किन्हीं परिस्थितियों में हुआ और जो निष्प्राण था वही किन्हीं कारणों से इस प्रकार आन्दोलित हो गया कि उसने बढ़ना शुरू कर दिया और वही आगे चलकर जीवन के रूप में परिणत हो गया—बर्नल की बात में एक विकास है। लेकिन सवाल यह पैदा होता है कि यह जो कुछ हम सोच रहे हैं यह अपनी सीमाओं में सोच रहे हैं? यह मैंने माना कि पुराना आदमी अपनी कल्पनाओं में मग्न रहता था। लेकिन जीवन का जो शाश्वत मूल्य है या कहिए जीवन के शाश्वत मूल्य जिन आधारों पर टिके हुए हैं उनके पीछे एक जिज्ञासा रही और वह जिज्ञासा जैसी

उपनिषदों के समय में थी वैसी आज भी मौजूद है। और आज भी आदमी उन सवालों का जवाब नहीं दे सकता जो आज से हज़ारों साल पहले उसके सामने उठते थे। इतना बड़ा सृष्टि का फैलाव है। सारे ग्रह-नक्षत्र एक-दूसरे से दूर होते चले जा रहे हैं और मैं जब यह सब चीज़ें सोचता हूं कि हमारी आकाश-गंगा भी तारों की घनी आबादी है, हमारी यह पृथ्वी बहुत दूर बिछुड़े हुए, भटके हुए-से मोहल्ले की तरह घूम रही है, तो अपने-आप मेरे सामने सवाल उठता है, कैसे, कैसे हो रहा है यह सब? लेकिन सवाल इससे भी बड़ा यह है कि कैसे पहले मेरे दिमाग में यह आता है कि यह क्यों हो रहा है? मैं क्यों ज़िन्दा हूं? ज़िन्दा हूं क्योंकि मैं सांस ले रहा हूं, क्योंकि मुझमें जीवन है। यह जीवन मुझमें कैसे आया? यह मेरे पिता ने मुझमें दिया। मेरे पिता कहां से आए? उनको मेरे पितामह ने जन्म दिया। यों पीछे हटते चले जाइए लेकिन कहीं एक जगह ऐसी आएगी कि भौतिकवादी कहेगा कि भूत पदार्थ यानी कि मैटर मौजूद था। वहां मैं यह सवाल पूछूंगा, वह कहां से आया, वह क्यों आया? इसलिए मुझसे आप कह लीजिए कि यह मेरी हार है, यह मेरी मजबूरी है, यह मेरी सीमा है। लेकिन यह सवाल मेरे सामने ज़रूर आता है। इस क्यों का जवाब मैं नहीं दे सकता और इसलिए मुझे मानना पड़ता है कि ज़रूर कुछ नियति है जिससें यह सब चल रहा है और आप ऊबे न हों तो मैं आपसे अर्ज़ करूं कि भारत के योगी त्रिकाल-दर्शन की बात किया करते थे अर्थात् वे काल को तीन हिस्सों में बांटते थे और वे यह मानते थे कि आदमी का अवचेतन यदि जागरित कर लिया जाए तो वह तीनों कालों को अविभाजित रूप में देख सकेगा और आज के साइंटिस्ट भी यह मानते हैं कि टाइम यानी कि समय सापेक्ष है अर्थात् रिलेटिव और हमको वह भूत, वर्तमान और भविष्य के रूप में खंडित इसलिए दिखाई देता है कि हमारे पास वह समग्र दृष्टि नहीं है कि हम उसकी महान गति को एक साथ देख सकें। जैसे सड़क पर खड़े हुए मोड़ पर चलने वाली गाड़ी को आप एक जगह पर उसके मुड़ जाने के बाद नहीं देख पाएंगे, लेकिन छत पर खड़े होकर आप उसकी गति को मोड़ के दोनों तरफ देख पाएंगे। नीचे खड़े रहने की सीमा में और ऊपर खड़े रहने की व्याप्ति में यही भेद है। तो अगर यह समय एक है तो हम इसमें बह रहे हैं और जिस तरह हमारी पैदाइश हुई वैसे ही हमारी मौत भी हो चुकी है, लेकिन हम उसको देख नहीं पा रहे हैं क्योंकि हम अभी वहां तक पहुंचे नहीं।''

जगन्नाथ ने सिर पर हाथ रखकर कहा, ''मैं कुछ देख नहीं पाता, डॉक्टर साहब! यह सब मुझे अंधेरा-सा दिखाई देता है। आदमी का सहारा इस दुनिया में क्या है? यह सब कुछ हम लोग किसलिए बनाकर रहते हैं?''

डॉक्टर ने सिगरेट का धुआं उड़ाते हुए कहा, ''हम ज़िन्दा रहना चाहते हैं इसलिए दूसरों को ज़िन्दा रहने का हक देना चाहते हैं। इस दुनिया में हम अंधों की तरह पड़े हुए हैं, जगन्नाथजी! सच तो यह है कि कोई कुछ नहीं देख पाता। हम बहुत छोटे दायरों में देखते हैं और सच्चाई यह है कि हम उनके बाहर देख भी नहीं सकते। इतना सूनापन चारों तरफ छाया हुआ है कि हम कोई सहारा ढूंढ़ते हैं।''

जगन्नाथजी ने सिर हिलाकर निराशा से कहा, ''सहारा नहीं मिलता, डॉक्टर साहब। हम जिस सहारे की उम्मीद करते हैं वह हमसे छीन लिया जाता है!''

डॉक्टर ने क्षण-भर सोचा और फिर कहा, ''छीन तो लिया जाता है; लेकिन क्यों छीन लिया जाता है, कभी आपने इस पर भी सोचा!''

''मुझे कुछ दिखाई नहीं देता, डॉक्टर साहब!'' जगन्नाथ ने उत्तर दिया और फिर सिगरेट का एक ज़ोर का कश खींचा। उसने ढेर-ढेर धुआं उगला जो निमिष-मात्र के लिए उसके और डॉक्टर के बीच में पर्दा-सा बनकर झूल गया। फिर जगन्नाथ ने 'आई एम सारी' कहकर उस धुएं को फूंक देकर एक ओर उड़ा दिया और कहा, ''जन्म लिया है तो दुःख पाने के लिए। इसीलिए तो गौतम बुद्ध ने कहा था—'दुःख सत्य है'। गौतम बुद्ध साधारण आदमी नहीं थे, डॉक्टर साहब! वैसे ही कोई किसी के पीछे नहीं चला जाता। हज़ारों आदमियों को प्रभावित करनेवाला व्यक्तित्व अपने-आपमें कुछ लेकर आता है। आत्मा या कहिए कि गौतम बुद्ध का अनात्म, कर्म के जाल को मानता था। हम लोग कर्म में ही भटक रहे हैं, डॉक्टर साहब! मुझे कुछ दिखाई नहीं देता।''

''मैं एक बात नहीं समझता,'' डॉक्टर ने कहा, ''ब्राह्मणों की यह बात मेरी समझ में आती है कि एक आत्मा होती है, एक एब्स्ट्रेक्ट यानी कि सूक्ष्म चीज़ होती है। वह न मरती है न काटी जा सकती है। वह अमर है, अजर है वगैरह-वगैरह। वह इस शरीर में रहती है और इस चोले को छोड़कर दूसरी जगह चली जाती है। इस शरीर में रहकर वह जो कुछ करती है, उस कर्म का बदला वह दूसरे जन्म में पाती है। ठीक है, आत्मा अपने-आपमें एक चीज़ है, एक अच्छाई है। उसके साथ ऐसा माना जा सकता है, हालांकि वैज्ञानिक लोग आत्मा की इस सत्ता को ही नहीं मानते और मेरी समझ में जैनियों की भी बात आ जाती है कि आत्मा होती है लेकिन परमात्मा नहीं होता। ठीक है, परमात्मा का होना ज़रूरी नहीं है। परमात्मा की जगह वे लोग प्रकृति कहते हैं। लेकिन गौतम बुद्ध की बात मेरी समझ में नहीं आती। गौतम बुद्ध यह मानते हैं कि आत्मा तो हर क्षण बदलती है, क्योंकि जब संसार में सब चीज़ें बदलती हैं उसमें एक चीज़ अजर और अमर कैसे रह सकती है बिना बदले हुए? बदलनेवाले संसार में हर चीज़ को बदला चाहिए। लेकिन यह एक बदलनेवाली आत्मा कुछ न कुछ काम ज़रूर करती रहती है। इन कर्मों से, क्योंकि वह कर्म बन जाते हैं और हर कर्म का कुछ फल होना चाहिए, कुछ नतीजे निकलते हैं और वही पुनर्जन्म बन जाता है। अब बताइए कि अगर आत्मा नाम की कोई चीज़ है तो वह तो फिर से जन्म लेकर उस कर्म का फल भोग सकती है? एक बार-बार बदलनेवाली आत्मा अगर कुछ काम करती है तो फल कौन पाएगा उसका? वह आत्मा तो बदल चुकी जिसने किया था। इसका जवाब उन्होंने इस तरीके से दिया है कि बहुत-से काम होते हैं, बहुत-से फल होते हैं। लेकिन इसमें यह कैसे तय होगा कि अच्छे काम करनेवाले को बुरा फल नहीं मिला या बुरा काम करनेवाले को अच्छा फल नहीं मिला? इस बात का जवाब नहीं मिलता। जगन्नाथजी, आप मानते हैं कि पुनर्जन्म होता है?''

जगन्नाथ ने कहा, ''मैं खुद नहीं समझ पाता, डॉक्टर साहब! यह एक बहुत बड़ी

समस्या है। पुरानी किताबें पढ़ता हूं तो मालूम पड़ता है कि दो तरह के आदमी इस दुनिया में हुए हैं—एक वे जिन्होंने इस दुनिया पर हुकूमत की है अपनी बुद्धि से या अपनी तलवार से। लेकिन एक ऐसी किस्म के आदमी भी यहां पैदा हुए बताए जाते हैं जिनमें इतनी चमत्कार-भरी शक्ति थी कि मनुष्य के सीमित ज्ञान और उसकी तलवार की शक्ति दोनों को वह उलांघ जाती थी। ऐसे लोगों को तीर्थंकर, बुद्ध या पैगम्बर कहा जाता है। पर एक पैगम्बर या एक जिनेन्द्र या बुद्ध, ये सब लोग एक बात क्यों नहीं कहते? अगर सत्य एक है तो सबको एक ही बात कहनी चाहिए और अगर सत्य अलग-अलग हैं तो यह मानना पड़ेगा कि उनको थोड़ा-थोड़ा-सा आभास हुआ करता था और इनमें से असल बात कोई नहीं पकड़ पाया। लेकिन फिर भी इनके पास ऐसी चीज़ ज़रूर थी, जो औरों की शक्ति से ज़्यादा थी। तो हमारे देश में जितने भी ऐसे साधु पैदा हुए, वे लोग तो मानते हैं कि पुनर्जन्म होता है। वैदिक, शैव, जैन, बौद्ध, तांत्रिक, शाक्त, योगी यहां तक कि ट्राइब्स जिन्हें हम लोग जंगली जातियों का कहते हैं, वे लोग मानते हैं कि पुनर्जन्म होता है। लेकिन ईसामसीह, मूसा, मुहम्मद ये लोग भी जिहोवा और अल्लाह के अपने आदमी माने जाते थे। इन लोगों ने इस बारे में कहा ही नहीं है।''

डॉक्टर ने कहा, ''इसका एक कारण हो सकता है, जगन्नाथ जी। पूर्वजन्म की बात जानना या आगेवाले जन्म की बात जानना काल को अखंडित रूप में देखने से सम्बन्धित है और यह बात योगियों ने अचेतन पर विजय प्राप्त करके सम्भवतः कुछ समझी हो। और क्योंकि इसका प्रयोग बाहर नहीं था, शायद यह थ्योरी वहां इतनी बढ़ न पाई हो।''

डॉक्टर ने सिगरेट को ऐश ट्रे में रगड़कर बुझा दिया। उसके बाद जगन्नाथ ने एक कश और खींचा और सिगरेट को बुझाते हुए कहा, ''इतनी बड़ी पहेली है, डॉक्टर साहब, कुछ समझ नहीं आता। जब मैं सोचता हूं तो मेरे सामने अंधेरा-सा छा जाता है। हमारा दिल सूना होता है। हम क्यों इस दुनिया में भटकने में पड़े रहें? हम अपने छोटेपन में क्यों खुश न रहें? हम दुनिया में आते हैं, हम एक चीज़ की कोशिश करते हैं कि हम किसी से प्यार करें, कोई हमसे प्यार करे।''

डॉक्टर की पैनी आंखों ने जगन्नाथ की ओर देखा और फिर धीरे से आंखें फिराकर कहा, ''प्यार एक ऐसी चीज़ है, जगन्नाथजी, जिसके लिए इन्सान कब से भटकता चला आया है और वह उसे प्राप्त नहीं होता। मैंने इस बारे में कुछ प्रयोग भी किए हैं। मैंने यह भी जांचने की कोशिश की है कि आदमी का प्यार उसकी माटी के साथ बंधा रहता है या उसकी आत्मा के साथ। मैं प्लैनचेट पर आत्माएं बुलाना जानता हूं और मैंने इन आत्माओं से पूछा तो मुझे कुछ साफ जवाब नहीं मिला। तब मैं एक योगी के पास गया और आपको विश्वास नहीं होगा कि उसने मुझे एक ऐसी तरकीब बताई कि मैं किसी भी व्यक्ति के पूर्वजन्म को देख सकता हूं, लेकिन अपना हर समय नहीं देख सकता, यह मेरी मजबूरी है। वैसे देखता ज़रूर हूं और मैंने जिन लोगों को देखा उनमें मैंने यह पाया कि उनके अन्दर एक प्यास रहती है और वह प्यास प्यार की होती है। वह प्यार जिसको हम जीवन में पूरा नहीं कर पाते, जिसकी कल्पना करते-करते हम कविताएं लिखते हैं

और जिसकी कल्पना नहीं रहती, हमसे कविता छूट जाती है, हम कविता नहीं कर पाते और तब ऐसा लगता है कि कुछ दिखाई नहीं देता।''

जगन्नाथ ने डॉक्टर का हाथ पकड़कर कहा, ''डॉक्टर साहब, डॉक्टर साहब, यह आप क्या कह रहे हैं? मुझे ऐसा लग रहा है कि आप मेरे केस को जानते हैं।''

डॉक्टर ने मुस्कराकर कहा, ''मैं जानता हूं मेरे दोस्त, मुझसे छिपा नहीं है। मैंने तुम्हारे पूर्वजन्मों को देखा है। तुम किसी लड़की के लिए पागल हो न?''

''नहीं, नहीं, डॉक्टर साहब, मैं पागल नहीं हूं।''

''तुम पागल नहीं हो, लेकिन तुम्हारा प्यार पागल है। तुम घबरा गए हो इस दुनिया में। तुम्हारी समझ में नहीं आता कि तुम क्या करो। तुम देखते हो कि दुनिया में सैंकड़ों-हज़ारों धन्धे हैं। तुम्हे यह मंज़ूर करते हुए भी शर्म लगती है कि तुम किसी लड़की के लिए दीवाने हो जिस तक तुम पहुंच नहीं सकते।''

''मैं पहुंच सकता हूं, डॉक्टर साहब, लेकिन मैं इन समाज के बन्धनों का क्या करूं? वह मुझे चाहती है, लेकिन मेरे पास आ नहीं सकती। यह समाज हम लोगों को घोंटकर रख रहा है। ऐसा लग रहा है कि जैसे सांस दबी जा रही है।''

डॉक्टर ने हँस कर कहा, ''अरे मेरे दोस्त, जैसा कर्म होता है उसका वैसा ही फल मिलता है। तुम जानते हो, तुम कितने जन्मों से इस तरह तड़प रहे हो जगन्नाथजी?'' डॉक्टर का स्वर उठ गया, वह उठ खड़ा हुआ। ''जगन्नाथ,'' उस समय उसका स्वर गम्भीर हो उठा। अब की उसने 'जगन्नाथजी' नहीं कहा, केवल 'जगन्नाथ' का उच्चारण किया। ''जगन्नाथ, तुम्हें नींद आ रही है! आ रही है तुम्हें नींद?''

जगन्नाथ ने कहा, ''मुझे कुछ दिखाई नहीं दे रहा है।''

''तुमको दिखाई इसलिए नहीं दे रहा है कि तुम सोना चाहते हो, लेकिन तुम सो नहीं सकोगे। तुम सिर्फ सपना देख सकोगे इसलिए कि तुम्हारा प्यार समय को लांघ जाना चाहता है, तुम अपनी तड़पन को देखना चाहते हो। वह देखते हो कैसा घना जंगल है?''

जगन्नाथ का दायां हाथ फैल गया, बायां हाथ कोहनी पर मुड़कर उसके दायें कंधे के समीप आ गया और अपना दाहिना गाल उस पर टिकाए जगन्नाथ मेज पर सिर रखकर अधमुंदी-सी आंखें लिए चुपचाप सुनने लगा।

और डॉक्टर कहने लगा, ''पत्ते हिल रहे हैं, चौड़े-चौड़े पत्ते! ठंडी हवा के झोंके चल रहे हैं। इन लम्बे पेड़ों की छाया में अंधेरा कितना घना होता चला जा रहा है! कौन है, यह कौन आ रहा है? जगन्नाथ है यह तो! इसको पहचान सकते हो? लेकिन नहीं, तुम नहीं पहचान सकोगे। तुम कैसे यह जान सकोगे कि आज से हज़ारों साल पहले तुम्हारी माटी की देह ऐसी थी, गठीला बदन, गोरा रंग, लम्बी आंखें! जगन्नाथ, तुम अपने-आपको देख सकते हो?''

''देख रहा हूं, डॉक्टर साहब, देख रहा हूं! मुझे यह ताज्जुब हो रहा है कि जब मैं ऐसा था तो आज ऐसा कैसे हूं मैं!''

डॉक्टर ने कहा, ''इसलिए कि तुम भूले जा रहे हो कि तुम जब ऐसे गोरे थे, इस

जंगल में पड़े हुए थे, जब तुम्हारे हाथ में यह भाला था, जब तुम्हारी कमर पर यह भेड़ की खाल बंधी हुई थी, तब तुम एक पिशाच थे। क्योंकि तुम कच्चा मांस खाया करते थे और कच्चा मांस पिशाच कहलाता है। इसलिए तुम पिशाच जाति के मनुष्य थे। है यह सुन्दर व्यक्ति! लेकिन आज तुम इतने सुन्दर नहीं हो, जगन्नाथ! तब से अब तक पृथ्वी चार हज़ार बार इस सूरज के चारों तरफ चक्कर लगा चुकी है। तब से अब तक चौबीस हज़ार ऋतुएं बीत चुकी हैं। तुमको क्या मालूम था कि तुम जगन्नाथ, एम. ए. बनोगे!''

जगन्नाथ ने कहा, ''डॉक्टर साहब, मैं क्या कर रहा हूं, यह मैं क्या कर रहा हूं इस समय?''

''तुम शिकार की तलाश में खड़े हो और सच तो यह है कि तुम शिकार की तलाश का बहाना कर रहे हो। उस पेड़ के पीछे कौन है जिसे तुम देखना चाहते हो, मुझे बताओ।''

''कोई नहीं है, डॉक्टर साहब!''

''जगन्नाथ, अपने-आपको देखकर भी झूठ बोल रहे हो! अच्छा मैं तुमसे नहीं पूछता, जगन्नाथ, यह जो सामने खड़ा है तुम्हारा पुराना रूप, जिसका नाम मंदार है, मैं उससे पूछता हूं कि वह पेड़ के पीछे किसको देख रहा है, जिसकी खूबसूरत कलाई दिखाई दे रही है, जिसका खूबसूरत कंधा दिखाई दे रहा है? कितनी खूबसूरत लड़की है! तुम लड़की को मुझसे छिपाना चाहते हो, मंदार!''

जगन्नाथ ने कहा, ''नहीं, मैं इसे छिपा नहीं सकता। यह मेरी वही अनिला है। डॉक्टर साहब, यह मेरी वही अनिला है।''

''लेकिन इस जन्म में,'' डॉक्टर ने कहा, ''इसका नाम अनिला नहीं है। याद करो, तब यह प्रावर्णा थी। मैं नहीं देख पा रहा हूं मंदार, लेकिन तुम तो इसे देख रहे हो। आज से चार हज़ार साल पहले तुम खड़े हो, मैं नहीं खड़ा हूं। ज़रा इसका रूप तो बताओ, इसका वर्णन तो करो!''

''डॉक्टर साहब, इसकी आंखें लम्बी हैं! इसकी नाक कितनी पतली है! इसके होंठ कैसे गुलाब के से हैं। डॉक्टर साहब, लोग इसे सुन्दरी न कहते हों लेकिन मुझे यह बहुत सुन्दर लगती है। इसकी ठोड़ी के पास यह नीला मस्सा, जब से मैंने देखा है तभी से मैं अपने-आपको भूल गया हूं। अब यह कैसे अलग तरीके के कपड़े पहनती है। पहले यह कैसे मेरी तरह के कपड़े पहने रहा करती थी!''

डॉक्टर ने कहा, ''भेड़ की खाल इसने कमर पर बांध रखी है। भेड़ की खाल इसके कंधे पर पड़ी है। इसका आधा यौवन तुम्हें दिखाई दे रहा है, आधा छुपा हुआ हैं। इसकी आंखें कैसी पीली-सी हैं। अब नहीं हैं जगन्नाथ, तब थीं। अब कैसे काले बाल हैं। पहले कैसे नीले-नीले-से थे।''

''लेकिन, डॉक्टर साहब, यह वही है, यह वही है। ओफ! आज हम कितने दिन बाद मिले हैं!''

''मैं सच कहता था कि तुम शिकार करने के लिए नहीं खड़े हो, तुम शिकार का

बहाना कर रहे हो। देखो, उधर से जंगली सूअर आ रहा है, अपना भाला उठाओ! भाला उठाओ मंदार, प्रावर्णा चिल्ला रही है।''

4

क्षण-भर में ही मंदार ने प्रावर्णा को उस वृक्ष के पीछे खींच लिया और ज़ोर से भाला चलाया। सूअर लुढ़कता हुआ नीचे गिर पड़ा। भाला उसे आरपार भेद गया था। रक्त की धारा पृथ्वी पर बह निकली थी। मंदार बढ़ने लगा। लेकिन प्रावर्णा ने उसे पीछे खींचकर कहा, ''अभी नहीं, अभी नहीं, शायद अभी वह ज़िन्दा हो। उसके पास जाना डर से खाली नहीं है।''

मंदार हँस उठा। उसने कहा, ''नहीं प्रावर्णा, अब कोई भय नहीं है।''

उस समय सूर्य लाल होकर पहाड़ों के पीछे छुपने लगा था। उसकी किरणें सामने के ताल पर झिलमिला रही थीं।

''तुमने मुझे बचा लिया।'' प्रावर्णा ने कहा।

''मैंने तुम्हें कैसे बचा लिया प्रावर्णा? मैं तुम्हें क्यों बचाना चाहता था, यह मैं नहीं जानता। प्रावर्णा, जब मैं तुम्हें देखता हूँ तो मुझे सब कुछ ऐसा सुहाना दिखाई देता है, जैसे डूबता हुआ सूरज।''

प्रावर्णा हँस दी। उसने कहा, ''और मुझे जैसे उगता हुआ चन्द्रमा!''

सूअर का तड़फड़ाना बन्द हो गया था। प्रावर्णा के हाथ में छुरा चमक उठा। उसने कहा, ''आओ मंदार, इसको ले चलें। आज अच्छा भोजन रहेगा।''

मंदार ने छुरा उसके हाथ से ले लिया और कहा, ''बोझ ले चलोगी या भोजन? बहुत भारी है। इसे कौन लादेगा?''

प्रावर्णा ने कहा, ''इतना सब ले जाने की क्या ज़रूरत है?''

अब वे दोनों जंगली सूअर के पास चले गए और मंदार ने छुरे से धीरे-धीरे सूअर का पेट काट दिया और उसकी आँतें निकाल दीं। उन्होंने उसकी पूँछ काट दी और सिर भी काट दिया और फिर उन्होंने उसे हल्का किया। जब वे लोग उसकी खाल छील चुके और रक्त बहकर बाहर निकल गया तो उन्होंने प्रसन्नता से एक-दूसरे की ओर देखा। मंदार ने गोश्त की एक बोटी छुरे से काटकर दाँतों से कचर-कचर करके चबाना शुरू किया। प्रावर्णा ने उस बोटी के बचे हुए हिस्से को चाव से खा लिया। उसके बाद वे उसको उठाकर बोझ से लचकते हुए बस्ती की तरफ चल पड़े। पहाड़ की कई गुफाएं रहने के काम में आती थीं। कांस काटकर द्वारों पर आड़-सी लगा ली गई थी। कहीं-कहीं आग जल रही थी और लोग तापने लगे थे। मंदार और प्रावर्णा के पहुंचते ही बच्चों ने उनको घेर लिया और फिर वे लोग छुरे से काट-काटकर मांस खाने लगे। उसी समय एक दीर्घकाय सुदृढ़ पुरुष ने प्रावर्णा का हाथ पकड़कर उसे अपनी ओर खींच लिया।

"यह क्या है नीलुख?" उस गुफा में बैठी हुई एक स्त्री ने कहा।

नीलुख ने उसकी ओर घूरते हुए कहा, "प्रावर्णा मेरी है।"

प्रावर्णा उसके हाथ से छूटने की चेष्टा करने लगी। मंदार क्रोध से खड़ा हो गया। उसने कहा, "नीलुख! यदि तू जीवित रहना चाहता है तो इसे छोड़ दे और अपनी गुफा में चला जा।"

नीलुख हँसा। उसने उस बैठी हुई स्त्री से कहा, "मंखिला, तेरी यह बेटी मेरी है। मैं कहे देता हूँ, यह मंदार इस पर हाथ रखेगा तो ठीक नहीं होगा।"

मंदार ने कहा, "मैं कहता हूँ, नीलुख, तू चला जा!"

नीलुख ने देखा प्रावर्णा की आँखों में से आग बरस रही थी।

रात हो गई थी। चारों तरफ सन्नाटा भांय-भांय कर रहा था। अंधेरे में क्षीण-सा चन्द्रमा निकल आया था जैसे किसी रण-भूमि में किसी मृत योद्धा का टूटा हुआ छुरा पड़ा चमक रहा था। झरने के किनारे प्रावर्णा पानी पी रही थी। ज्योंही वह पानी पीकर खड़ी हुई, उसे ऐसा लगा कि किसी की बलिष्ठ भुजाओं ने उसे घेर लिया। उसने चिल्लाने की चेष्टा की किन्तु किसी ने उसके मुख को दबा दिया। फिर उसको सुन पड़ा, "इसे ले चलो!" किसी पुरुष ने प्रावर्णा के पांव पकड़ लिए और वे उसे उठा ले चले।

प्रावर्णा देखती रही कि उसको उठा ले जाने वाले पुरुषों में से एक स्वयं नीलुख था। उसने झटका मारकर छूटने की चेष्टा करते हुए कहा, "नीलुख, तू मुझे छोड़ दे वरना मैं तेरी हत्या कर दूंगी।"

नीलुख हँस दिया किन्तु उसने और भी ज़ोर से उसकी भुजाओं को पकड़ लिया। उस समय रात आधी ढल चुकी थी। गुफा में नीलुख ने उसे प्रायः पटक दिया। द्वार पर उसके भयंकर कुत्ते बैठे हुए थे। उसने कहा, "तू यहीं सो रह प्रावर्णा। देख यह मदिरा का चषक रखा है कोने में, इस पात्र में से जितना भी तू पीना चाहे, पी लेना। अब मैं जाता हूं और कल मैं फिर तुझसे मिलूंगा।"

यह कहकर नीलुख और काक वहां से चले गए। भयंकर कुत्ते गुफा के द्वार पर बैठे रहे। प्रावर्णा जब उनकी ओर बढ़ी तो दोनों कुत्ते खड़े होकर गुर्राने लगे। उनके भयंकर पंजे देखकर प्रावर्णा का साहस नहीं हुआ कि वह गुफा से निकलने की चेष्टा करे। प्यास से उसका गला चटक रहा था। उसने मदिरा का पात्र उठाकर मुंह से लगा लिया और गट-गट कर उसे पीने लगी। कलेजे में लकीर-सी खिंचने लगी और तब वह वहां पड़ी हुई घास पर लेट गई। तीखी मदिरा उसे झकझोरने लगी। उसे ध्यान आने लगा, कहां होगा मंदार, मंखिला! लेकिन वह सोच नहीं सकी। नशे का घोड़ा अब उसके दिमाग पर सुम बजाकर दौड़ रहा था। सर भारी हो रहा था। आँखें झपकने लगी थीं। वह चेष्टा करके फिर बैठ गई, कहीं नीलुख न आ जाए! किन्तु फिर ध्यान आया, नीलुख तो कल आने को कह गया है। नशा अब और बढ़ गया था। घास पर लेटी थी, अंग-अंग शिथिल

हो गया और उसके बाद नींद ने उसे डस लिया।

भोर का तारा निकलने वाला था। हठात् वह जाग गई। अंधकार में किसी ने बलपूर्वक उसे पकड़ लिया था। वह छटपटाने लगी किन्तु नीलुख की भीम शक्ति ने उसको पराजित कर दिया और नारी विवश हो गई। भोर की पहली किरण फूट निकली।

मंदार पहाड़ों में चिल्लाता फिर रहा था, ''कहां हो प्रावर्णा, कहां हो!'' उसके साथ मंखिला चली आ रही थी, वह चिल्ला रही थी, ''कहां है मेरी बेटी, कहां चली गई है मेरी बेटी!'' उसकी आँखों में आँसू आ रहे थे। उसका ध्वनित स्वर पहाड़ों में टकरा रहा था। हठात् एक पत्थर उसके सामने आकर गिरा और उसने सिर उठाकर देखा, पहाड़ के मध्य भाग में गुफा के सम्मुख नीलुख प्रावर्णा का हाथ पकड़े खड़ा था और काक अपने हाथ में भाला लिए नीचे की ओर देख रहा था। मंखिला ने कहा, ''वह रही!''

मंदार ने अपना भाला साध लिया और दोनों वेग से पर्वत की उस गुफा की ओर बढ़ने लगे। जब वे लोग गुफा के सामने आ गए तो उन्होंने देखा कि कठोर दृष्टि से देख रहा था नीलुख और नमित विह्वला-सी खड़ी थी प्रावर्णा। नीलुख ने कड़कते हुए स्वर से पूछा, ''क्या चाहते हो मंदार! किसलिए आए हो?''

''मैं अपनी प्रावर्णा को लेने आया हूँ।''

''प्रावर्णा तुम्हारी कौन है?''

''यह मेरी पत्नी होने वाली है।''

''लेकिन यह मेरी पत्नी हो चुकी है। पिशाचों के नियम के अनुसार यह मेरी है। लौट जाओ मंदार, यह तुम्हारी नहीं हो सकती। यह अब मेरी हो गई है।''

''मेरी बेटी!'' मंखिला चिल्ला उठी।

लेकिन प्रावर्णा ने अपना सिर झुका लिया। उसकी आँखों से आँसू झरने लगे, लेकिन फिर भी वह बोली नहीं। नीलुख ने उसका हाथ छोड़ दिया और कहा, ''भीतर जाओ!''

प्रावर्णा आज्ञाकारी कुत्ते की तरह भीतर चली गई।

खड़ा रहा मंदार भूला हुआ-सा। ऐसी सूनी हो गई थीं उसकी आँखें जैसे आकाश का नीलापन उसकी पुतलियों में समा गया था। झील में गिरने वाला अनवरत निनाद मानो उसके कानों में एक नीरवता बनकर व्याप्त होता चला जा रहा था। महकते हुए फूलों की गंध आज मंदार के लिए विष बन गई। मंदार के जीवन का स्वप्न उजड़ गया। मंदार के आकाश में आग लग गई। मंदार के लिए धरती राख से ढक गई।

उसको पत्थर की तरह खड़े हुए देखकर मंखिला ने हाथ पकड़कर कहा, ''मंदार, लौट चलो! पिशाचों के नियम से प्रावर्णा अब नीलुख की होगी। हम पिशाचों का यही धर्म है। जो पुरुष स्त्री को छल से हर लाता है और धोखे से उसके नारीत्व का भोग कर लेता है, वही उसका नियमानुसार पति होता है। इसलिए तुम पिशाचों के इस नियम से टक्कर नहीं ले सकते। एक न एक दिन हर लड़की को पिशाचों में ऐसे ही घर छोड़ना पड़ता है। नीलुख ठीक कहता है।''

काक का उठा हुआ भाला यह सुनकर नीचे हो गया। मंखिला ने हाथ पकड़कर

मंदार को पीछे की ओर खींचा और मंदार सिर झुकाकर चलने लगा। उसने एक बार भी पीछे मुड़कर नहीं देखा।

मंदार का जीवन सूना हो गया था। अब वह आकाश की ओर देखता तो उसे लगता प्रावर्णा उसे बुला रही है। पानी में अपने-आपको झांककर देखता तो उसे लगता कि प्रावर्णा पीछे खड़ी हुई है, लेकिन थोड़े दिन बाद उसको ऐसा लगने लगा जैसे उसको कुछ भी दिखाई नहीं देता था।

डॉक्टर ने पुकारकर कहा, ''सुन रहे हो जगन्नाथ, मंदार को कुछ दिखाई नहीं देता। मंदार को कुछ दिखाई नहीं देता, सुन रहे हो!''

''सुन रहा हूँ,'' जगन्नाथ की आवाज़ आई, ''मुझे तभी से कुछ दिखाई नहीं देता जब से मेरी प्रावर्णा चली गई।''

''तुम समझ गए न जगन्नाथ, जब तुमसे प्रावर्णा छीन ली गई थी, तब भी तुम इतना ही प्रेम करते थे जितना अब करते हो। लेकिन तुम समाज के बंधनों को अकेले तब भी नहीं तोड़ पाए थे। नियम नियम ही होते हैं, इनको तुम कैसे अकेले तोड़ सकते हो! अब तुम्हें मालूम है, बाद में प्रावर्णा का क्या हुआ?''

''मैं उसके बाद कुछ नहीं जानता।''

''हां, तुम नहीं जानते। तुम्हें जानने की ज़रूरत नहीं थी। तुम जानकर भी क्या करते, इसलिए तुम उस ओर कभी नहीं गए। यह बात सच है, तुम उस ओर कभी नहीं गए। जगन्नाथ, तुमने देखा, चार हज़ार साल पहले तुम्हारे साथ कितना अत्याचार हुआ था। अरे आँखें खोलो भाई!''

जगन्नाथ ने आँखें खोलीं और देखने लगा।

''बोलो जगन्नाथ, प्रावर्णा तुम्हारी अनिला ही से मिलती थी न? अनिला ही थी न?''

''हां, डॉक्टर साहब, बिल्कुल मिलती है।''

''अब तुम कुछ देख पा रहे हो?''

''डॉक्टर साहब, देख तो नहीं पाता लेकिन एक उजाला-सा दिखाई देने लगा है कि मैं आज का प्यासा नहीं हूं, मैं चार हज़ार साल का प्यासा हूँ। मेरी प्यास इतनी गहरी है कि जन्म-जन्मान्तर के पर्दे मुझे सब कुछ भुलाकर मेरी प्यास नहीं बुझा सके। डॉक्टर, मेरी प्यास कैसे बुझेगी? समुद्र का पानी पी जाऊँ तो क्या मेरी यह प्यास बुझ जाएगी?''

डॉक्टर ने जगन्नाथ को आगे बढ़कर दिलासा देने के रूप में थपथपाया और कहा, ''तुम्हारी अनिला उस दिन तुमको मिल जाएगी जगन्नाथ, जिस दिन तुमको सब दिखाई देने लग जाएगा। अब तो तुम्हें कुछ नहीं दिखाई देता न?''

''हां डॉक्टर, मैं कुछ देख नहीं पाता।''

''हां! अभी तुम नहीं देख पाओगे, लेकिन तुम देखने लगोगे कुछ दिन में, तुम अपने मन को भी देखने लगोगे जगन्नाथ और तुम्हारी अनिला कहीं और नहीं है, तुम्हारे मन के भीतर ही है; लेकिन तुम अपने-आपमें इतने भूले हुए हो कि उसको देख नहीं पाते।''

''जगन्नाथ, सिगरेट लो।'' कुछ रुककर डॉक्टर ने कहा।

''नहीं डॉक्टर, मैं नहीं पीऊंगा।''

''पिओ, जगन्नाथ, जिस दुनिया में पीना मना है उस दुनिया में पीना ज़रूर चाहिए।'' डॉक्टर ने अपनी सिगरेट सुलगाकर जगन्नाथ की सिगरेट को सुलगा दिया। थोड़ी देर तक दोनों खामोशी से सिगरेट पीते रहे। फिर डॉक्टर ने कहा, ''अच्छा जगन्नाथ, तुम अब जाओ, कल तुम आना मेरे पास। मैं तुमको बहुत-सी बातें बताऊंगा, बहुत-सी बातें बताऊंगा। आज तुमको क्षण-भर अंधेरे में उजाला दिखाई दिया था, लेकिन अब नहीं दिखाई देता होगा।''

''हां, डॉक्टर साहब, अब मुझे कुछ दिखाई नहीं देता।''

''तुम्हें ज़रूर दिखाई देगा, जब वह काल थम जाएगा तब तुमको सब दिखाई देने लगेगा। लेकिन एक बात है, यह सब पिताजी से मत कहना, उनको ये बातें मालूम नहीं होनी चाहिए। ये लोग पुराने ख्यालात के आदमी हैं। ये क्या जानें कि प्यार में कितना दर्द होता है और दर्द में कितनी सच्चाई होती है। इस सचाई में एक बहुत बड़ी मिठास होती है जगन्नाथ! इसको कभी अपने दिल से दूर मत कर देना। तुम इसीलिए इंसान हो, क्योंकि तुमने चार हज़ार साल से अपने दिल में इसे पाले रखा है। मेरी बात को समझ रहे हो न?''

जगन्नाथ ने मुस्कराकर कहा, ''डॉक्टर साहब, बार-बार जन्म लेता हूँ, बार-बार मर जाता हूँ, लेकिन जब मेरी ज़िन्दगी फुंकती है तब मेरी सुलगन से वही एक रोशनी निकलती है जिसे प्यार कहते हैं। मैं उसी में अपने-आप टिकता हूँ क्योंकि मेरी बाती मेरे स्नेह से जलती है। वह कैसे बुझ जाएगी! मेरी माटी का दीप टूट जाएगा, लेकिन मेरा स्नेह फिर भी उस स्थूल को जलाता रहेगा और वह बाती कल्पांतर तक आकाश और पृथ्वी में आलोक फैलाती रहेगी।''

डॉक्टर ने देखा और कहा, ''जगन्नाथ, भगवान ने चाहा तो तुम्हारा सपना पूरा होगा।''

5

''कौन?''

जवाब आया जैसे किसी ने गाकर कहा, मैं आई हूँ तुम्हारे द्वार!''

डॉक्टर ने फिर कहा, ''आ जाओ! भीतर आ जाओ! तुम्हारा नाम क्या है?''

लड़की ने कोई जवाब नहीं दिया। ''अच्छा बैठो!'' डॉक्टर ने कहा, ''मुझे बता सकती हो कब से तुम्हारी तबियत खराब है?''

लड़की ने उत्तर दिया, ''मैंने सपने दिए बिसार!''

डॉक्टर ने सिर हिलाकर कहा, ''ठीक है, लेकिन यह तुम्हारी कविता नहीं है और जो आदमी ये कविताएँ लिखकर दिया करता था वह अब तुम्हारे पास नहीं है। सच है

न यह बात? और अगर मैं तुम्हें उस आदमी से मिला दूं, जो तुम्हें इन गीतों की लड़ियाँ पिरोकर दिया करता था तब तुम उसकी बातों को सुनना पसन्द करोगी, उसके गीतों को रटना चाहोगी या उसके सावन की बूंदों की तरह झरते हुए बोलों को पपीहे की तरह पुकार-पुकारकर अपने भीतर मग्न कर लेने की चेष्टा करोगी? बता सकती हो?''

लड़की ने अब की बार गाना नहीं गाया। बड़ी-बड़ी आँखों से उसे देखती रही। गेहुंए रंग की लड़की थी। उसको देखकर ही लगता था कि वह कॉलेज में पढ़ी हुई थी। बरामदे में उसका भाई बैठा था।

डॉक्टर ने कहा, ''कौन, बाहर कौन बैठा है?

चौदह साल के एक लड़के ने दरवाज़े पर आकर कहा, ''मैं हूँ हरिमोहन!''

''अच्छा! तुम पढ़ते हो?''

''जी हां, मैं टेन्थ क्लास में पढ़ता हूं।''

''और यह तुम्हारी बहिन है?''

लड़की ने यह सुनकर गाते हुए कहाः

''किस-किस से पूछोगे मेरा परिचय जग में?
जब पग ही मेरा भटक गया अपने मग में!'

डॉक्टर ने मुस्कराकर सिगरेट सुलगाते हुए कहा, ''हरिमोहन, तुम बैठ जाओ।'' और फिर हरिमोहन के बाहर कुर्सी पर बैठ जाने के बाद उसने लड़की से कहा, ''तुम्हारे पिता मेरे पास आए थे। उन्होंने मुझसे कहा था कि तुम गीत गाती हो। मगर मुझे देखकर बहुत अफसोस हुआ कि तुम अधूरे गीत गाती हो। मुझे लगता है तुम्हें कोई गीत पूरा याद नहीं है। तुम्हें कोई गीत पूरा याद नहीं है?''

लड़की ने सिर हिलाया, जैसे, नहीं।

डॉक्टर ने कहा, ''मैं जानता था, अगर तुमको एक भी गीत पूरा याद रहा होता तो तुम्हारे जीवन की वीणा इस तरह झंकारती नहीं। इसमें से अस्फुट स्वर उठते हैं मोहिनी, इसमें से अस्फुट स्वर उठते हैं और टूटे हुए गीत कभी मन को बांध नहीं पाते। जानती हो न, जब नदी बहती है तो उसके प्रवाह में एक संगीत होता है। जब पक्षी आकाश में उड़ते हैं तो उनके कलरव में एक अजस्र विभोर कर देने वाला आनन्द स्वरों के माध्यम से झरता रहता है। शायद तुम नहीं जानतीं कि जब नीलाम्बर तक अपने भव्य ललाट को उठाए हुए पर्वतों को देखकर अनजान बटोही रास्ते में उसको पुकारता है तो वह स्वर बहुत ही सुरीला होता हुआ टकराकर वापस आ जाता है। वह हृदय की पुकार होती है। संगीत एक ऐसी चेतना है जो जीवन की अपेक्षा नहीं रखती और अचेतन में भी उसी तन्मयता से अपने-आपको उठाती रहती है जिस तन्मयता से वह जीवितों में अपने-आपको खोजती है। एक ही तो वस्तु है नाद, अपने-आपमें चेतन और अचेतन नहीं। नाद अपने-आपमें एक पूर्णता है, मोहिनी, उस नाद को खंडित करके नहीं देखा जा सकता। वह नाद अपनी परिपूर्णता में आलोक है। आलोक सत्य है, शिव है और शाश्वत सौन्दर्य है। तुम मेरी बात को समझती हो न? नहीं, तुम मेरी बात नहीं समझतीं क्योंकि तुम अपने गीत नहीं

गातीं, तुम किसी दूसरे के गीतों को गाती हो और उन गीतों की लड़ियों को तुम भूल गई हो। तुम भूल गई हो कि किन भावों के आवेश में आकर ये गीत लिखे गए थे, किसने सहारा दिया था फूलों का तकिया बनाकर, किसने वायदे किए थे उस मिलन के, यह सब तुम्हें कहां याद है? तुम अपने-आप पर निष्ठुरता करना चाहती हो लेकिन कर नहीं सकतीं, क्योंकि गीतों के बोल तुम्हारे जीवन की मझधार में तुम्हारे हाथ में पकड़ी हुई पतवार बनकर रह गए। तुम्हारी सुधियों की नाव खो गई और तुम बिना नाव के पतवार चला रही हो। डूबोगी कहां? मझधार में डूबा क्या डूबा माना जाता है? अरे धारा को पार करने वाला बन जाता है!''

लेकिन लड़की ने कोई उत्तर नहीं दिया। डॉक्टर सिगरेट पीता रहा। उसने धुआं उगला। कमरे की नीरवता धुएं से अठखेलियां करने लगीं। लड़की उठ खड़ी हुई और अल्मारी में रखी हुई किताबों को देखने लगी। उसने एक किताब को बाहर खींच लिया। दो-चार पेज उलटे और फिर किताब को वहीं मेज पर रख दिया जैसे वह उस किताब की बात को भूल गई थी। सामने एक बड़ी तस्वीर टंगी थी, उसमें किसी का चित्र दिखाई दे रहा था। वह तो था विरही यक्ष, कालिदास का। आकाश में मेघ उमड़ रहे थे। चित्रकार ने घना जंगल ऐसा बनाया था, जैसे हवा से हिलते हुए पेड़ों के झूमने से सांय-सांय तक सुनाई दे जाती हो और यक्ष वन के फूलों को उठाए उस चित्र की ओर देख रहा था और लड़की अचानक उस चित्र को देखकर गा उठी :

''तुम बुलाते मेघ अपनी चाहना ले
किन्तु मैं जाऊं कहां यह कामना ले?
बन चुका हूँ मेघ मैं भर बिजलियों से,
आग पानी से बुझा दूँ वासना ले!''

डॉक्टर चुपचाप सुनता रहा। लड़की कमरे में डोलती रही, उससे बोली नहीं। डॉक्टर ने मेज पर रखी घण्टी बजाई। भोला ने प्रवेश किया। ''भोला, गर्मागर्म काफ़ी ले आओ और देखो जो लड़का बाहर बैठा है न, उसको भीतर भेज दो।''

भोला ने हरिमोहन को भीतर भेज दिया और चला गया। डॉक्टर ने कहा, ''बैठो हरिमोहन।''

हरिमोहन बैठ गया।

''अच्छा तुम किस स्कूल में पढ़ते हो?''

''मैं महावीर स्कूल में पढ़ता हूँ।''

''अच्छा।''

लड़का एक पतलून, कमीज, कोट पहने था। देखने में सांवला-सा था लेकिन स्मार्ट लगता था।

''खेल-कूद में हिस्सा लेते हो?'' डॉक्टर ने पूछा।

''जी हां।''

''और तुम गाते नहीं हो?''

‘‘मैं तो नहीं गाता डॉक्टर साहब। जीजी गाती है।’’

‘‘कहां गाती हैं तुम्हारी जीजी? कुछ गीतों के बोल याद हों तो क्या; गाना तो कोई पूरा याद नहीं।’’

लड़की हठात् मुड़कर खड़ी हो गई और उसने डॉक्टर की ओर घूरकर देखा और फिर उसने आगे बढ़कर झटके से अपने भाई का हाथ पकड़ लिया मानो उसे उठा रही थी। हरिमोहन ने कातर दृष्टि से डॉक्टर की ओर देखा।

डॉक्टर ने कहा, ‘‘देखो तुम्हारी बहिन नाराज़ हो गई। हरिमोहन, सचाई एक ऐसी चीज़ है जो लड़कियां नहीं सह पातीं। वे चाहती हैं कि वे अपनी कल्पना में डूबी रहें और जब उनकी कल्पना को ठेस लगती है, जब उनका सपना बिखरने लगता है तो ज़्यादातर लड़कियां उसे भूल जाती हैं, लेकिन कोई-कोई ऐसी भी होती हैं जो उस वक्त टक्कर लेने की कोशिश करती हैं, और यह तुम्हारी बहिन उन्हीं में से है। मैं जानता हूँ कि इसका सपना टूट गया है। मैं जानता हूँ कि यह क्या कल्पना करती थी और इसका सपना पूरा नहीं हुआ। यह समझती है कि मैं कुछ जानता नहीं हूँ। मैं बता सकता हूँ कि यह गीत किसने लिखे हैं, जो इसे याद हैं।’’

लड़की ने चौंककर अपने भाई का हाथ छोड़ दिया और उसे आँख से इशारा किया कि वह बाहर चला जाए।

‘‘नहीं,’’ डॉक्टर ने कहा, ‘‘नहीं, मैं आज नहीं बताऊँगा। अगर तुम जानना चाहती हो तो कल मेरे पास आना। मैं उस बात को तुम्हारे भाई के सामने नहीं कहूंगा क्योंकि मैं जानता हूँ कि तुममें इतनी हिम्मत नहीं है कि तुम उस बात को सुन सको। कल जब तुम्हारा भाई बाहर बैठा रहेगा तब मैं तुमको बताऊंगा कि तुम आज से अपना गीत नहीं भूली हो, हज़ारों सालों से भूली हो।’’

लड़की ने फिर हरिमोहन की ओर इशारा किया कि वह बाहर चला जाए।

डॉक्टर ने आँखों से इशारा किया। हरिमोहन धीरे से बाहर चला गया। लड़की ने डॉक्टर की ओर ऐसे देखा मानो वह उससे याचना कर रही थी कि वह उसे बता दे।

‘‘बैठ जाओ!’’ डॉक्टर ने कहा, ‘‘बैठ जाओ और अपनी आँखों को दोनों हाथों से ढक लो कोहनियों को मेज पर रखकर!’’

लड़की वैसे ही बैठ गई।

‘‘अब देखने की कोशिश करो!’’ डॉक्टर ने कहा, ‘‘तुम किसी गुफा में बैठी हो। तुम्हारे सामने दो भयानक कुत्ते बैठे हुए हैं। दिखाई दे रहा है?’’

लड़की ने सिर हिलाया, जैसे, हां हो।

‘‘चार हज़ार साल पहले की बात है। तुम जिसके गीतों को चाहती थीं, तुम जिसकी पग-ध्वनि में संगीत सुना करती थीं, तुम जिसकी कल्पना में आकाश के पक्षियों के संगीत को बांध देती थीं, वह तुम्हारे सामने नहीं है। वह निकाल दिया गया है क्योंकि तुमको जबरदस्ती किसी ने जीत लिया है और तुम समाज के नियमों के सामने मजबूर हो गई हो। तुम्हारा मन विद्रोह करना चाहता है। किसके लिए तुम व्याकुल हो, बता सकती हो?

यह तुमको किसके पांवों के निशान धूल में दिखाई दे रहे हैं जो तुम्हारे सामने से चला गया है, जिसके सामने तुमने अपने दिल को खोला था? जिसकी आँखों की झील में तुम आकाश की तरह उतरा गई थीं?''

लड़की नहीं बोली।

''देखो, देखो, उसको अच्छी तरह देखो!'' डॉक्टर ने कहा, ''वह अभी दूर नहीं गया है। तुम इन कुत्तों से मत डरो जो तुम्हारे सामने हैं। तुम इस झूठी मर्यादा से मत डरो, तुम क्यों झिझक रही हो! अब भी तुम स्वर खोलकर उसे पुकार उठो तो वह लौट आएगा। उसमें इतना बल है कि वह तुम्हारी रक्षा कर सके। यह तुम्हारा अविश्वास है जो तुम्हें डरा रहा है, उसकी निर्बलता नहीं। पुकारो, मैं कहता हूँ उसको पुकारो!''

उस क्षण ऐसा लगा जैसे लड़की ने मुँह खोलकर पुकारने की चेष्टा की, लेकिन उसके मुख से स्वर नहीं निकला।

''अच्छा!'' डॉक्टर ने कहा, ''डरती हो! तो जैसे तुम उसकी याद कर सको, उस सपने को दोहरा सको, ऐसी कोशिश करो। देखो वह ज़बरदस्ती कौन आ रहा है उधर से? वही है जो तुम्हें ज़बरदस्ती छीन ले जाना चाहता है। धरती पर उंगली से लिख दो उसका नाम। करो उसको अंतिम प्रणाम, जीवन की लालसाओं का यही अन्त हो, क्योंकि तुममें साहस नहीं है। लिख दो!''

लड़की की उंगली ने मेज़ पर कुछ लिखा लेकिन डॉक्टर उसको पढ़ नहीं सका। उसने कहा, ''वह चला गया है इस समय और वह भी चला गया है जो तुम्हारे जीवन को नष्ट करना चाहता था। खोल दो आँखें, कोई डर नहीं है। जब तक तुममें बल है, तुममें आत्मविश्वास है, तब तक तुम्हारा कोई कुछ नहीं बिगाड़ सकता। मैं कहता हूँ आँखें खोल दो, हाथ हटा लो!''

लड़की ने हाथ हटा लिए लेकिन उसका मुँह देखकर ऐसा लगता था जैसे वह रक्तहीन हो गई थी। द्वार पर फिर भोला दिखाई दिया, वह कॉफी बना लाया था।

डॉक्टर ने कहा, ''हरिमोहन, आ जाओ भीतर!'' डॉक्टर ने अपनी कॉफी का प्याला उठाते हुए कहा, ''पिओ!''

हरिमोहन ने प्याला उठा लिया। लड़की चुप बैठी रही। डॉक्टर ने कहा, ''पिओ, पिओ मोहिनी।''

लड़की ने प्याला उठाया।

डॉक्टर ने चुस्की लेते हुए कहा,''ऐसा करना हरिमोहन, अब तुम लोग जाओ! कल आना!''

लड़की कॉफी पीती रही और डॉक्टर की ओर घूरती रही। जब वे लोग चलने लगे तो लड़की ने एक बार पीछे मुड़कर देखा और हठात् उसके मुँह से निकला :

''जा रहा हूँ दूर तुझसे जा रहा हूँ
स्वप्न का संसार फिर से ला रहा हूँ
याद तू रखना मुझे जब मैं न दीखूं

दूर जाता पास तेरे आ रहा हूँ।''

डॉक्टर ने देखा और सिर हिलाया।

6

''जगन्नाथ आ गए?''

''आ गया डॉक्टर साहब!''

''जगन्नाथ, तुमको कुछ दिखाई नहीं देता लेकिन आज मुझे भी कुछ दिखाई नहीं देता। मेरी भी वही हालत हो रही है जो तुम्हारी है।''

''क्यों डॉक्टर साहब?''

''मुझे यह कहते हुए शर्म आती है जगन्नाथ, कि आज से साढ़े तीन हज़ार साल पहले मैं और तुम दुश्मन थे और किसके पीछे? अनिला के।''

''क्या कह रहे हैं, डॉक्टर साहब?'' जैसे उसका स्वर बदल गया।

''हां, मुझे ऐसी बात नहीं करनी चाहिए थी, लेकिन मैं इस बात को छिपा नहीं सकता तुमसे।''

''वह कैसे डॉक्टर साहब?''

''तुम अपने दिल को मज़बूत बना लो कि इस बात को सुन सको। किसी भी सच्चाई को झेलने के लिए एक ताकत चाहिए। हर एक तो नहीं झेल सकता न!''

''मुझे जल्दी बता दीजिए डॉक्टर साहब कि यह क्या भेद है!''

''बता तो दूंगा, लेकिन अब एक भेद है। तुम मेरे मुकाबले में जवान हो, उस वक्त दूसरी बात थी। मैं तुमसे ज़्यादा ताकतवर था।''

''फिर?'' जगन्नाथ ने कहा।

''क्या कहूँ जगन्नाथ, सरस्वती नदी कलकल निनाद करती हुई बहती चली जा रही थी। वृक्षों की छाया में ऋषि विश्वामित्र यज्ञ कर रहे थे। उनके मुख से मंत्रों का उच्चारण तीर-भूमि को प्रतिध्वनित करता हुआ उठ रहा था। पक्षियों का कलरव उस समय तक शांत हो चुका था। जगन्नाथ, तुम देख रहे हो न?''

''हां, मैं देख रहा हूँ, सरस्वती तीर! कितना शांत प्रवाह है! सघन वृक्षों ने कुंज-सा बना दिया है इस भूमि को। इस हरियाली को देखकर मेरा मन कितना संतुष्ट हो रहा है!''

''इस तुम्हारी शांति की बात मुझे याद आती है तो मेरे अंतर्मन से एक पुकार उठने लगती है कि अपनी वासना से व्याकुल होकर मैंने तुम्हारी सुन्दर कल्पनाओं का नाश किया था।''

''वह सामने बैठे विश्वामित्र ही तो हैं न?''

''हां, वह गोरे-से व्यक्ति सर पर जटाजूट बांधे यज्ञ कर रहे हैं और उनके पास

शिष्यगण खड़े हैं।''

''यह किसलिए यज्ञ कर रहे हैं?''

''यज्ञ कर रहे हैं क्योंकि वसिष्ठ से इन्हें बदला लेना है। तुम भूल गए हो जगन्नाथ, तभी मुझसे यह सवाल पूछते हो। मैं और तुम दोनों ही तो इनके बुलाए से आए हैं। यह हमारी-तुम्हारी ही तो प्रतीक्षा कर रहे हैं। चलो!''

''कहां चलूं?''

''मकर, याद आ गया तुमको अपना नाम! तुम्हारा नाम मकर है न?''

''हां मकर।''

''मुझे पहचानते हो न, मैं मीनाक्ष हूँ।''

''ओह, तुम हो मीनाक्ष! चलो न, ऋषि के पास चलें!''

राजर्षि विश्वामित्र ने आँखें उठाकर देखा और कहा, ''आ गए मीनाक्ष?''

''आ गया हूँ राजर्षि!''

''यह तुम्हारे साथ कौन है?''

''यह मकर है। ग्रह का पुत्र!''

ऋषि ने मुड़कर अपने शिष्यों की ओर देखकर कहा, ''तुम सब जाओ, केवल प्रोरोहण यहां रह जाए!

वे लोग चले गए। सामने हवन-कुंड से धुआं उठ रहा था—श्यामल, ऊपर उठता नील गगन की ओर और वायु उसे अपने भीतर आत्मसात् कर लेती और फिर ऐसा लगता मानो वह धूम सुदूर में जाकर घुल गया हो आकाश की नीलिमा में परिवर्तित हो गया हो। विश्वामित्र के माथे पर रेखाएं-सी खिंच गईं। शिष्यों के चले जाने पर उन्होंने प्रोरोहण से कहा, ''वत्स, तू मेरा उत्तराधिकारी है।''

प्रोरोहण ने सिर झुकाकर कहा, ''गुरुदेव, मेरी ओर से निःशंक रहें।''

मकर ने अपनी भीम भुजाओं को देखते हुए कहा, ''किसलिए हमको आपने यहां आने की आज्ञा दी है? राजकुमार मीनाक्ष वरेण्य हैं। हम नैऋत्य यातुधान आपकी सेवा में उपस्थित हैं। हमारे पूर्वज जब हिमालय प्रदेश से चले थे हम पुलस्त्य की संतानों ने यह प्रतिज्ञा की थी कि सारी पृथ्वी को अपने भ्रमण से, अपने पांवों की प्रतिध्वनि से ढक देंगे।''

''इन्द्र तुम्हारी रक्षा करें मकर!'' विश्वामित्र ने कहा। ''अदिति सबकी जननी है। वह सबकी रक्षा करती है। द्यावा और पृथ्वी के बीच में जो लोग जीवन को धारण करते हैं उनको वह सदैव शक्ति दिया करती है। मैंने तुम्हें अकारण नहीं बुलाया है।''

मीनाक्ष ने कहा, ''हम वह कारण सुनने के लिए व्यग्र हो रहे हैं।''

विश्वामित्र ने कहा, ''तुम जानते हो कि वसिष्ठ यातुधानों का शत्रु है और वह ब्राह्मण मेरा भी परम शत्रु है। इसलिए मैं यह चाहता हूँ कि मैं तुम्हें राजर्षियों की शक्ति दूं और तुम अपने यातुधान-बल से इन ब्रह्मर्षियों को सारस्वत तीर से भगा दो, इनको

पराजित कर दो, इनके दम्भ खंडित कर दो।''

मीनाक्ष ने कहा, ''आर्य, हम आपका संवाद पुलस्त्य के वंशजों में फैला देंगे लेकिन इसके बाद वह पृथ्वी हमारी होगी। जो जल-तीर पर हमारी एक लंका बसेगी, हम उसके स्वामी होंगे। फिर आप अपने लिए क्या मांगेंगे?''

विश्वामित्र ने उत्तर दिया, ''यातुधान, तुम यदि हमारी रक्षा करोगे तो आज से हम तुम्हें रक्षा करने वाला राक्षस पुकारेंगे और तुम इस भूमि के स्वामी होगे, किन्तु हमारी रक्षा सदैव करते रहोगे। यह मेरे लिए काफी संतोष का विषय है कि इन ब्रह्मर्षियों का यहां विनाश हो जाए। बस मैं इतना ही चाहता हूँ। सारी वसुधा पड़ी है, हम कहीं अन्यत्र चले जाएंगे। मुझे इसकी चिन्ता नहीं है कि हमको निर्भर होकर कहीं बंधा रहना है या चलते रहना है। ये सर्वांगीण अधिकार हाथ में लेकर दूसरों को कुचलते रहना चाहते हैं। इनको किसने इतने अधिकार दिए हैं? वर्ण की स्थापना मनु के वंशजों में कर्मानुसार हुई थी, न कि जन्मानुसार। तुम नहीं जानते कि हम आर्यों में समस्त क्षत्रियों के गोत्र ब्राह्मणों के ही होते हैं। हम सभी ऋषियों की संतान हैं, लेकिन मैं तुम्हें सब बता दूं कि मूलतः क्षत्रिय लोग ब्राह्मण ही थे। किसी समय गण-गोत्र के ऊपर किसी के आक्रमण का भय था और खतरा देखकर कुछ ब्रह्मणों ने दूसरों को त्राण देने के लिए अर्थात् उनको बचाने के लिए क्षत्र धारण किया था और वही लोग क्षत्रिय कहलाए। लेकिन अब वे ही ब्राह्मण जो यज्ञ करते रहे, जो ब्राह्मण बने रहे, अपने को आयुधधारी ब्राह्मणों अर्थात् क्षत्रियों से ऊंचा समझते हैं। यदि हम लोगों ने शस्त्र न उठाए होते, तो इन लोगों की रक्षा नहीं हो पाती। लेकिन अब ये इस बात को नहीं समझते। ये हमको अपने से नीचा समझते हैं और अपने बराबर का स्थान देने को तैयार नहीं। इसलिए आवश्यक है कि उनका विध्वंस कर दिया जाए। प्रतिज्ञा करते हो, मीनाक्ष! यदि तुम आतुरता से निश्चय न लेना चाहो तो आज चले जाओ, कल तुम दोनों मेरे पास आना, मैं अपनी सारी योजना तुमको समझाऊंगा। एक बात बताओ, तुम यातुधान हो?''

''हां आर्य।''

''यातुधान सब पुलस्त्य की संतान होते हैं, मैंने यही सुना है।''

''हां आर्य।''

''किन्तु तुम लोगों में जो लिंगोपासना करते हैं, वह अलग हैं न?''

''हम विश्रवा की संतान हैं।''

''और जो काम की पूजा करते हैं?''

''वे हम लोगों से अलग हैं।''

विश्वामित्र ने कहा, ''सुना है कि कार्तिकेय युद्ध के समय जब असुरों के विरुद्ध यातुधानों ने कार्तिकेय के नेतृत्व में देवों की ओर से संग्राम किया था तब उन्हें राक्षस की उपाधि दी गई थी।''

''हां आर्य, यह सत्य है। हम लोगों में कई गुण हैं। नैऋत्य, किंकर इत्यादि अलग-अलग लोग हैं। किन्तु धीरे-धीरे हम सब एक होते जा रहे हैं और हमारा नेता रावण शीघ्र ही

इधर आने वाला है।''

''आएगा?''

''आर्य, जिस प्रकार आप लोगों में कुछ लोग पूजा करते हैं, कुछ लोग शस्त्र धारण करते हैं, कुछ लोग व्यापार करते हैं और कुछ लोग सेवा करते हैं, उसी प्रकार यातुधानों में भी हैं। हमारे यहां जो रावण पूजा करनेवाले लोगों में से है, उसे हम राक्षसों का ब्राह्मण कह सकते हैं। वह एक प्रचंड शक्तिवाला व्यक्ति है किन्तु अभी हम राक्षसों में, वर्ण-व्यवस्था आप लोगों की तरह नहीं मानी जाती। हम लोग यह मानते हैं कि सारे राक्षसगण एक की संतान हैं, इसलिए इस प्रकार का भेदभाव करना अच्छा नहीं है। और हमारे यहां यह माना जाता है कि पुरुष ही सब कुछ है, स्त्री एक धरती है। पुरुष हल की तरह उसे जोतकर उसमें बीज डालता है और उसी से संतान उत्पन्न होती है। स्त्री पृथ्वी के समान है, यह एक सामग्री है, उसका भोग केवल वही करने का अधिकारी है जोकि बलवान हो। सरस्वती नदी का तीर स्त्री के समान है और हम अवश्य इसका उपभोग करेंगे।''

विश्वामित्र ने सिर हिलाकर कहा, ''वरुण तुम्हारा मंगल करे! हमारे-तुम्हारे वार को निश्चय ही ब्रह्मर्षि लोग सह नहीं पाएंगे। हम लोग यहां से चले जाएंगे और तुम सारस्वत-प्रदेश के स्वामी बन जाओगे। मैं एक जगह टिककर नहीं रहना चाहता मीनाक्ष, मैं जगह-जगह इन ब्राह्मणों के विरुद्ध विद्रोह की आग फैलाना चाहता हूँ।''

मीनाक्ष ने गद्गद स्वर से कहा, ''देवाधिदेव महादेव आपकी रक्षा करें।''

7

''जगन्नाथ!''

''जी डॉक्टर साहब।''

''तुम्हारे सामने जो आदमी खड़ा है उसे तुम पहचान रहे हो?''

''वे आप ही तो हैं, डॉक्टर साहब, आप तब मीनाक्ष थे। और हम दोनों सरस्वती तीर को जीतकर खड़े हुए देख रहे हैं। ब्रह्मर्षि हार चुके हैं और राजर्षि चले गए। आज हम यातुधान में कैसा उत्सव-कल्लोल हो रहा है।''

''हां जगन्नाथ।''

''लेकिन तुम उसको देख रहे हो न, वह जो सामने खड़ी है, सुकेशी? जगन्नाथ, देख रहे हो सुकेशी को? उसके कैसे केश हैं? मुझे बता सकते हो उसके रूप के बारे में?''

''यह तो मेरी अनिला है, डॉक्टर साहब! लेकिन आप उसे क्यों घूर रहे हैं? मीनाक्ष, यह ठीक नहीं है।''

डॉक्टर ने कहा, ''यह मेरी प्रिया है मकर! यदि मुझमें बल है तो मैं इसे उठाकर ले जाऊंगा।''

''और मैं मीनाक्ष?'' जगन्नाथ ने पूछा।

''तुम्हें युद्ध करना होगा इसके लिए।''

''तो मैं तैयार हूँ।''

डॉक्टर हँसा। उसने कहा, ''पागल, हमको युद्ध करने की आवश्यकता ही क्या है। सुकेशी के घर पर आक्रमण करना है। जो इसको जीत लाए इसके लोगों के बीच में से, वही इसका स्वामी होगा।''

जगन्नाथ ने कहा, ''तो मीनाक्ष, मैं भी पुलस्त्य का वंशज हूँ। तुम यह न समझना कि मैं पराजित हो जाऊंगा। तुम नहीं जानते कि मैं इससे प्रेम करता हूँ।''

''प्रेम करते हो मकर! किन्तु स्त्री पराक्रम देखती है इस संसार में। चारों ओर बल की ही पूछ होती है। यदि तुम उसकी रक्षा करने में समर्थ नहीं हो, तो तुम उसको अपने पास रखकर भी क्या करोगे? विवेक से काम करो।''

''किन्तु मैं उस पर मोहित हूँ, मीनाक्ष!''

डॉक्टर ने भारी स्वर में कहा, ''मोह तभी सुन्दर लगता है मकर, जब उसके पीछे सामर्थ्य होती है। रुक जाओ, जहां खड़े हो वहीं रुक जाओ! देखो इस समय सुन्दरियां नृत्य कर रही हैं। सब लोग विभोर होकर मदिरा पी रहे हैं।''

''मैं सुन रहा हूँ, मीनाक्ष! इन बजते हुए वाद्यों की ध्वनि मेरे कानों में गूंज-गूंजकर मुझे पागल किए देती है। सरस्वती तीर की यह विजय मेरे जीवन की सबसे बड़ी पराजय है।''

''तुम कहां जा रहे हो मकर?'' डॉक्टर ने कहा, ''सो जाओ, सो जाओ! तुम जीवन में थक गए हो, थक गए हो जगन्नाथ!''

जगन्नाथ शिथिल-सा मेज़ पर हाथों के बीच सिर दिए जैसे सो गया। कुछ देर तक डॉक्टर चुपचाप उसकी ओर देखता रहा फिर उसने सहसा ही कहा, 'पीछे हट जाओ, पीछे हट जाओ, मकर! अब इसको मत छुओ! सुकेशी मेरी है। इसकी ओर आगे बढ़ने की चेष्टा मत करो! मैं अपनी भुजाओं के बल से सुकेशी को इसके गणों के बीच से जीतकर लाया हूँ।''

''किन्तु तुम देख नहीं रहे हो मीनाक्ष, कि वह रो रही है।''

''देख रहा हूँ, वह अपनी पराजय को भूली नहीं है। उसके सामने मैंने उसके भाई और पिता की हत्या की है इसलिए उसका मन घुट रहा है। लेकिन सनातन से यही होता चला आ रहा है। पराक्रमी पुरुष सदैव ही स्त्रियों को जीतकर लाते रहे हैं और क्योंकि मैं अब इसको लाया हूँ, मेरा इस पर सम्पूर्ण रूप से अधिकार है।''

जगन्नाथ ने कहा, जैसे वह जाग उठा हो, ''मेरे रहते ऐसा अत्याचार नहीं होगा।''

''सुन रहे हो मकर, सब लोग हँस रहे हैं। सुन रहे हो, तुम्हारे सामने खड़ी हुई नारियां क्या कह रही हैं? क्या वे नहीं कह रहीं कि सुकेशी का स्वामी मीनाक्ष है?''

''हां, मैं सुन रहा हूँ।''

''तो क्या तुम सारे लोक से टक्कर लोगे? क्या तुम धर्म की दीवारों को तोड़ दोगे?''

''मैं नहीं जानता मीनाक्ष, लेकिन मैं इतना देख रहा हूँ कि मेरी अनिला मेरे हाथों

से चली जा रही है। इस अनिला के लिए मैंने संसार को स्वप्न की तरह देखा था।''

डॉक्टर ने कठोर स्वर में हँसते हुए कहा, ''लेकिन हमारे-तुम्हारे सम्बन्धों से ऊपर है लौकिक मर्यादा। जगन्नाथ, जानते हो न?''

''जानता हूँ!''

''तो उठो, जगन्नाथ!'' डॉक्टर ने कहा, ''यह तुम्हें किसका विभ्रम हो रहा है?''

जगन्नाथ ने आँखें खोलते हुए कहा, ''कोई भी भ्रम नहीं है, डॉक्टर साहब, मैं शताब्दियों से इसी तरह वंचित होता रहा हूँ।''

डॉक्टर ने बैठते हुए कहा, ''ऐसा ही होता है, जगन्नाथ। स्त्री और पुरुष समाज में कभी प्रेम करने का अधिकार पा सके हैं? मैं तुमसे पूछना चाहता हूं!''

जगन्नाथ ने कहा, ''डॉक्टर, ऐसा क्यों होता है?''

डॉक्टर ने सिगरेट पेश करते हुए कहा, ''लो पियो।'' दोनों बैठकर पीने लगे। धुआं फिर उठने लगा मचलता-मंडराता खूबसूरत-सा हवा में घुलता हुआ लुभाना-सा। डॉक्टर ने फिर कहा, ''पांच हज़ार साल पहले भी तुम उसे नहीं पा सके, क्योंकि तब पैशाच-विवाह की पद्धति थी। उसके बाद राक्षस-विवाह की पद्धति आ गई। सचाई यह है कि युग-युग में स्त्री और पुरुष के पारस्परिक सम्बन्ध बदलते रहे हैं और उनके बदलने के विभिन्न कारण रहे हैं। प्रत्येक युग में स्त्री और पुरुष ने यह चेष्टा की है कि वे एक-दूसरे से प्यार कर सकें और प्यार उन्होंने हमेशा किया है। लेकिन यह प्यार कॉलेज का प्यार नहीं है। सौ में नब्बे से भी ज़्यादा ऐसे होते हैं, बल्कि निन्यानवे कह लो; जो यह मानते हैं कि आकर्षण और प्रेम और ममता यह सब ऊपरी डालियां हैं, बीज सम्पर्क है। दुनिया में हज़ारों-लाखों आदमी मरते हैं, आप किस-किसके लिए आंसू बहाते हैं? किसी के लिए नहीं। एक इंसान कहीं मर गया है अर्जेण्टाइना में या स्पेन में या आइसलैंड में, यह बात सुनकर कभी आंखों में आंसू भी नहीं आते। किसी के लिए हम खाना तो नहीं छोड़ देते? किसी के लिए दिल में दर्द तो नहीं उठता? और यह सब काम हो जाता है बशर्ते कि मरनेवाला अपनी जान-पहचान का न हो। उसकी सूरत अपनी आंखों में न बसी हो और वह व्यक्ति जितना ही अपना निकट का सम्बन्धी है उतना ही उसके प्रति अधिक दुःख होगा। प्रेम पुरुष और पुरुष में भी होता है, लेकिन उस प्रेम की अपनी सीमाएं हैं। स्त्री और पुरुष का जो प्रेम होता है उसके साथ काम-भावना भी जुड़ी रहती है। आज के युग में उसी को सेक्स कहते हैं और मुझे यह देखकर बड़ा आश्चर्य होता है कि कुछ लोग कहते हैं कि सबसे पवित्रतम वस्तु संसार में स्त्री और पुरुष का प्रेम है। मैं पूछता हूं कौन-सा प्रेम पवित्रतम है? प्रेम वास्तव में स्वतन्त्र नहीं। प्रेम वासना का एक रूप है, लगाव है। दुनिया में जो इतने लोग रहते हैं ये सब लोग प्रेम करते रहते हैं विशेषकर स्त्री-पुरुष!''

''नहीं, नहीं, डॉक्टर साहब, यह तो आकर्षण है। आकर्षण भी सेक्स का। पर आदमी कुछ इस नीयत का बना होता है कि कैसी भी ओछी बात हो, उसको बढ़ा-चढ़ाकर दिखाने की कोशिश करता है। लड़की कहेगी, मुझे उससे प्रेम हो गया है, मैं उससे विवाह करना

चाहती हूं।''

''ज़रा इसको थोड़े ठंडे दिमाग से सोचो जगन्नाथ! इसका क्या मतलब है? इसका मतलब यह है कि जिस व्यक्ति के प्रति मेरे मन में आकर्षण हो गया है मैं उसी के साथ अपने सेक्स का भी सम्बन्ध स्थापित करना चाहता हूं। आप उस लड़की से कह दीजिए कि तुझे दूसरे व्यक्ति से शादी करनी पड़ेगी तो रोएगी-चिल्लाएगी। मैं यह पूछता हूं कि अगर प्रेम एक मन की भावना है, एक दिमागी चीज़ है, तो वह सेक्स से अलग भी रह सकता है!''

जगन्नाथ ने कहा, ''लेकिन ऐसा कैसे हो सकता है, डॉक्टर साहब? प्रेमी यह कैसे सह सकता है कि उसका साथी अपने दिल में किसी दूसरे को जगह दिए हुए हो?''

''ठीक कहते हो,'' डॉक्टर ने कहा, ''प्रेम समस्त अधिकार चाहता है।''

जगन्नाथ ने कहा, ''आपका मतलब यह है, डॉक्टर, कि अगर प्रेम एक यांत्रिक वस्तु है तो आज पत्नी के मर जाने के बाद किसी दूसरी स्त्री से विवाह किया जा सकता है! तो मैं पूछता हूं, लगाव कहां रहा? प्रेम कहां रहा? यह तो पशुओं से भी गई-बीती हालत हो गई।''

डॉक्टर ने मुस्कराकर कहा, ''यही मैं भी कहता हूं, जगन्नाथ, कि आज पत्नी के मर जाने के बाद यदि कोई आदमी यह निर्णय कर ले कि वह फिर विवाह नहीं करेगा तो फिर उसकी सेक्स की भूख कहां मिटती है! अगर मन के दमन से सेक्स की भूख को सब्लाइम यानी उदात्त किया जा सकता है तो पहली बार भी किया जा सकता था। तब वह मन का साथी न मिलने पर प्लेटोनिक तरीके से किसी और से किया जा सकता है और शारीरिक रूप से किसी और से। और अगर यह मान लिया जाए कि इस प्रेम का धर्म मूलतः शरीर में है तो यह मन की उड़ानों के सारे राग अपनी स्थूल मांसलता को धोखा देने के बराबर हैं। हम ऐसी दुनिया में रहते हैं जहां हम केवल काम के आधार पर नहीं जीते, हम समाज में रहकर ज़िन्दा रहते हैं, जगन्नाथ! समाज स्त्री और पुरुष के प्रेम को मानता है ताकि घर में कलह न हो, और व्यवस्था ठीक से चलती चली जाए। वह अवैध संतान को पसंद नहीं करता, लेकिन वह व्यक्तिगत कुंठाओं को भी नहीं स्वीकार करता। समाज में जाति है, वर्ग है, कबीला है, जाने कितने-कितने विचार हैं, धन है, इनकी अपनी-अपनी खाइयां हैं और इन खाइयों को स्त्री और पुरुष ने स्वीकार किया है। क्या तुम...'' डॉक्टर ने रुककर कहा, ''अखबार देखते हो?''

''जी हां, देखता हूं।''

''तुमने कभी मेट्रिमोनियल कॉलम देखा है?''

''जी हां, देखा है।''

''तो उसमें यह नहीं देख लेते कि लड़की जिस घर में जाना चाहती है वहां पहले अपने लिए आर्थिक सुव्यवस्था देखती है। काम अर्थ पर निर्भर है। लेकिन तुम देखो कि वह केवल अर्थ नहीं चाहती, समाज की मर्यादाओं को भी साथ में निभाना चाहती है और वे मर्यादाएं आज उसके सामने धर्म कहलाती हैं यानी कि आखिर जाकर अर्ध धर्म पर

निर्भर हैं और यह धर्म क्या है? कुछ हमारी मान्यताएं हैं जो हमारे दार्शनिक विचारों पर आधारित हैं, जिसमें नैतिकता भी है, जो हमारी संस्कृति का प्रतिबिम्ब है। मैं तो इसको मोक्ष कहूंगा। तो इस तरीके से साबित होता है कि हमारा धर्म हमारे मोक्ष की कल्पनाओं पर आधारित है। मैं यह जानना चाहता हूं, जगन्नाथ, कि तुम जिस अनिला का राग अलापते हो वह अनिला तुम्हें क्यों पसन्द आती है? इसीलिए न कि वह तुम्हारी संस्कृति का एक अंग है! उसकी मान्यताएं करीब-करीब वही हैं जो तुम्हारी हैं। उसकी सुन्दरता तुम्हें भा गई है। पर ईमानदारी से मुझे यह बता दो कि उससे सुन्दर और लड़की तुमने नहीं देखी?''

जगन्नाथ ने कहा, ''क्या देखूं डॉक्टर साहब, जब दिखता था तब कुछ नहीं दिखता था और अब जब कुछ नहीं दिखता तब सब कुछ देख लेने की कोशिश करता हूं, लेकिन दिखता कुछ नहीं! यह कैसा छलावा है, डॉक्टर?''

''घबराओ मत'', डॉक्टर ने कहा, ''एक दिन आएगा जब तुम भी इस बात को समझ लोगे। एक आयु ऐसी आती है जब हर युवक यह समझता है कि हमें इस संसार को फिर से बनाना है, इसका निर्माण करना है, इसको सुन्दर बना लेना है। लेकिन संसार एक व्यक्ति से नहीं बना जगन्नाथ! यह बहुत बड़ा है। इसकी बुनियादें अलग-अलग संस्कृतियों पर पड़ी हैं। इसलिए लोग एक-सा नहीं सोचते, एक-सा नहीं जीते। जब स्त्री स्वतन्त्रता की बात कहती है तब भी वह स्वतन्त्रता की बात नहीं कहती; जगन्नाथ, वह जीने के लिए आवाज़ उठाती है। स्त्री की स्वतन्त्रता दो तरह की होती है। एक काम-भावना से ग्रस्त होकर जब वह सबसे छूट जाना चाहती है। तब मदमस्त होकर वह यह पुकार उठती है कि मुझे खोल दो, मुझे बांधो मत! और जब वह पेट की भूख से व्याकुल हो जाती है तब फिर वह इसलिए चिल्लाती है कि मुझे आज़ाद करो। लेकिन एक बात मत भूलो, स्त्री आज के समाज में हमारे यहां अपने सेक्स के बल पर खाना पाती है और इसलिए उसी को उसका आधार मानना पड़ेगा। वह या तो ब्रह्मचर्य से रहती है तो सेक्स को वर्जित करके, लोगों को आतंकित करके अपना गौरव बढ़ाती है या सेक्स की अति सीमा करके वेश्या बनकर उसी के बल पर वैभव पाती है और या वह किसी एक आदमी के साथ बंधकर अपने सेक्स के बल पर मां बनती है, घर-गृहस्थी संभालती है, अच्छी गृहिणी बनती है। घूम-फिरकर देख लो एक ही राग है। अगर वह कमाकर खुद खाती है और उसकी शादी नहीं होती तो वह जीवन-भर असंतुष्ट रहती है, उसकी भावनाएं विकृत हो जाती हैं। और अगर वह कमाकर पति को खिलाती है तो उसका जीवन विकृत होता है क्योंकि न वह उस पर शासन कर पाती है और न वह उससे शासित होकर रहना चाहती है। बड़ा विषम जाल है, जगन्नाथ! मेरी समझ में नहीं आता है कि यह सब क्या है, लेकिन अगर इसके बारे में सोचना बन्द कर दिया जाए तो कहीं कोई समस्या ही नज़र नहीं आती, क्योंकि यह सारी समस्या थोड़े-से पढ़े-लिखे मध्यमवर्गीय लोगों की है। जिनके पास बहुत ज़्यादा पैसे हैं वे जीवन को भोगते हैं, उसके बारे में सोचते कम हैं और जिनके पास पैसा नहीं है, जो लाखों-करोड़ों की तादाद में गांवों में बिखरे हुए हैं वे लोग परम्पराओं में ज़िन्दा रहे चले जाते हैं। पर यह जो शहर के मध्यमवर्गीय लोग,

मन के लंगड़े-लूले हैं, लेकिन चलना हज़ार कोस चाहते हैं, ये लोग तरह-तरह की घुटन में मरते हैं और ये ही लोग नये-नये 'विज़न' खोजने की चेष्टा किया करते हैं और यथार्थ को भूल जाना चाहते हैं। मैं समझता हूं, तुम ऐसे नहीं हो जगन्नाथ।''

जगन्नाथ ने हिचकिचाकर कहा, ''मैं नहीं जानता डॉक्टर, कि मैं कैसा हूं। लेकिन एक बात मुझे दीख रही है और वह मैं समझ नहीं पा रहा हूं।''

''वह क्या?''

''वह यह डॉक्टर, कि घुटन अपने-आपमें एक सत्य है। उसको भुलाया नहीं जा सकता। जब तक व्यवस्था ऐसी नहीं हो जाती कि यह घुटन बाकी न रहे तब तक समाज को समाज नहीं कहा जा सकता। यह कोई तरीका नहीं है कि लड़का कुछ चाहता है और लड़की कुछ चाहती है और ज़बरदस्ती शादी तय की जाती है। मन का मेल भी तो कुछ होता है?''

''ठीक है,'' डॉक्टर ने कहा, ''लेकिन ऐसा भी तो हो सकता है कि मन का मेल बन्द हो जाए, तब क्या होगा? डायवोर्स, तलाक! लेकिन तुम जानते हो न कि जो मुल्क ज़्यादा तरक्की कर चुके हैं उनमें तलाक अच्छा नहीं माना जाता। वहां यही सलाह दी जाती है कि मन एक उड़नेवाली चीज़ है, उसको काबू में रखना चाहिए, क्योंकि तलाक से बच्चों की ज़िन्दगी पर असर पड़ता है। इससे यह तो जाहिर हो ही जाता है कि एक स्टेज पर स्त्री और पुरुष से यह उम्मीद की जाती है कि वे अपने सेक्स पर इतना ज़ोर नहीं देंगे जितना कि अपनी संतान पर, क्योंकि संतान समाज की धरोहर है, उसका अपना विकास आवश्यक है। उसी पर भविष्य निर्भर है और ऐसी अवस्था में देखा जाए तो घुटन को ही न्याय बना दिया जाता है संतान के नाम पर। मैं उन केसों की नहीं कह रहा हूं जहां पति-पत्नी दुराचारी हों, मार-पीट, झगड़ा इस तरह की बातें करते हों। मैं तो साधारण बातें कह रहा हूं। कैसे रह सकता है आदमी? अपने देश में इसलिए यह माना गया है कि, विवाह पहले हो, प्रेम बाद में। क्योंकि प्रेम तो साथ रहने से होता है। अगर दिल में यह विचार कर लिया जाए कि हमको हर हालत में एक-दूसरे से निर्वाह करना है और साथ रहना है, तो फिर झगड़े उठेंगे ही क्यों? और उठेंगे भी तो बढ़ेंगे कहां? यह जो हमारे यहां प्रेम की भावना चली है जगन्नाथ, यह पश्चिम की संस्कृति का अपच है।''

जगन्नाथ ने कहा, ''नहीं डॉक्टर, मैं इस बात को नहीं मानता।''

''तो तुम बताओ क्या ठीक है?''

''मैं कैसे बता दूं, डॉक्टर, मैं सोच रहा हूं अभी तक। मैं इसे खुद नहीं समझ पाता।''

8

जब हरिमोहन बाहर जाकर बैठ गया तो मोहिनी खड़ी हो गई और कमरे में घूमने लगी। डॉक्टर ने कहा, ''बैठ जाइए।''

लड़की ने जैसे सुना नहीं।

''बैठ जाइए,'' डॉक्टर ने कहा, ''आप थक गई होंगी।''

लड़की ने जैसे उसकी बात सुनी नहीं। एक बार मुड़कर उसकी ओर देखा फिर बैठने की मुद्रा में कुर्सी की ओर बढ़ी। द्वार पर डॉक्टर का नौकर भोला दिखाई दिया।

''क्या बात है?'' डॉक्टर ने पूछा।

''साब, आपसे मिलने के लिए दीनानाथजी बापू नगर से आए हैं। वे पूछते हैं कि जगन्नाथ बाबू गए क्या?''

जगन्नाथ का नाम सुनकर लड़की के मुख पर कौतूहल का भाव आया। डॉक्टर ने इस बात को लक्ष्य किया। उसने कहा, ''हां, वे चले गए, और दीनानाथजी से कहना कि वे इस वक्त मुझे माफ करें। समझा देना अच्छी तरह। समझ गए न?''

''जी हां।''

''देखो, ऐसे कहना कि वे बुरा न मानें।''

''जी साब!''

उसके चले जाने के बाद लड़की के मुख पर एक कौतूहल था, मानो वह कुछ पूछना चाहती थी। क्षण-भर ऐसा दिखाई दिया कि वह बोलना चाहती थी लेकिन बोल नहीं पाती थी। ''इस दीनानाथ को आप जानती हैं? बड़े अच्छे आदमी हैं।''

लड़की ने सिर हिलाया मानो वह नहीं जानती।

''ब्राह्मण हैं,'' डॉक्टर ने फिर कहा, ''असल में बात यह है कि...' हठात् डॉक्टर ने बात तोड़कर कहा, ''आपका क्या ख्याल है, यह जो हिन्दुस्तान में जातीय व्यवस्था है, यह आपको ठीक लगती है?''

लड़की फिर जैसे कुछ बोलना चाहती थी लेकिन बोल नहीं पाई।

''आप कभी बोल नहीं पातीं, यही आपके साथ परेशानी है।'' डॉक्टर ने तेज़ आंखों से देखते हुए उससे कहा, ''और जब बोलने का वक्त आता है तब आपकी बोलती बन्द हो जाती है। स्त्री में लज्जा होनी चाहिए यह ठीक है, लेकिन लज्जा की भी एक सीमा होती है और क्या आपको याद नहीं कि सिर्फ आज से पचास साल पहले आप बोलना चाहकर भी बोल नहीं पाई थीं। आपको याद है या भूल गईं? बैठिए, मैं आपको बताऊं।''

लड़की आकर बैठ गई।

डॉक्टर ने कहा, ''पचास साल पहले जब आपकी मृत्यु हुई थी, तब आप सिर्फ इक्कीस साल की थीं।'' डॉक्टर का प्रभाव अब मोहिनी पर पड़ने लगा था। उसका हिप्नोटिज़्म धीरे-धीरे लड़की की चेतना को खींचे ले रहा था। ''सुबह का वक्त,'' डॉक्टर ने कहा, ''आप बंगले में झाड़ू लगाती हुई जा रही हैं। घाघरा पहने देख रही हैं अपने-आपको।''

लड़की ने सिर हिलाया।

''क्या नाम है आपका? रमिया! याद आ गया न? कैसे बड़े-बड़े पेड़ हैं! पतझर हो रहा है। पत्ते समेटते-समेटते कमर दुख आई है आपकी। रमिया भंगन के लिए भी कितने काम हैं। बंगले की वह खिड़की खुली है। वह नहीं देखना चाहती, लेकिन मैं आपको

बताए देता हूं। कैसा गोरा-सा युवक है, कॉलेज में पढ़ता है। विलायत जानेवाला है। उसके पिता रायबहादुर हैं। आप पहचान रही हैं न?''

लड़की ने अपना सिर हिलाया।

''उसकी सूरत कैसी है, पूछ सकता हूं?''

लड़की कुछ बड़बड़ाई। ध्वनि-सी होंठों से निकली लेकिन जैसे वह बोल नहीं पाई।

''याद कीजिए उसका क्या नाम है! याद करो मोहिनी! इस खिड़की के तुमने कितने चक्कर लगाए हैं। यह खिड़की तुम्हारी ज़िन्दगी की सबसे बड़ी कशिश है। अगर तुम मेहतरानी न होतीं तो इस खिड़की को फांद जाने में कितनी देर लगी होती? और अब वह भी तुम्हें देख रहा है। देख रहा है न?''

लड़की की आंखों में आंसू भर आए।

फिर डॉक्टर ने उठते हुए कहा, ''लेकिन तुम उसको नहीं पा सकतीं। तुम्हारे सामने बाजे-गाजे के साथ इसकी शादी हो जाएगी, तुम कुछ नहीं कर पाओगी। रोती क्यों हो? इस पेड़ के नीचे बैठे-बैठे रोने के लिए किसने कहा है? अरे तुम पगली हो और तुम यह नहीं सोचतीं कि वह एक ब्राह्मण है और तुम एक मेहतरानी। आखिर यह खब्त तुम्हें सवार क्यों हुआ? क्या दुनिया के भंगी मर गए थे? क्यों? इस पन्द्रह साल की उम्र में तुमको यह क्या सूझी? इतनी कच्ची उम्र, लेकिन होती भी तो है यह कच्ची उम्र मीठे सपनों की; जो सामने पड़ गया उसी पर फल जाती है, जैसे सूरज की आती हुई किरण जिस पहले फूल को देखती है, उसी पर बलिहार हो जाती है। तुम्हारी मां तुम्हें झाड़ू से मार रही है। ओहो, तुम्हारे लग रही है, देखो, तुम्हारे दरवाज़े पर भीड़ लग रही है। दीख रहा है न?''

लड़की ने सिर हिलाया।

''तुम्हारी मां कहती है कि तुझे शादी करनी होगी और तुम क्या कहती हो रोती हुई? क्या चिल्ला रही हो?''

हठात् लड़की के मुंह से शब्द निकला, ''मैं नहीं करूंगी, मैं नहीं करूंगी!''

डॉक्टर ने सहसा उसके कंधे पर हाथ रखकर कहा, ''मेरी तरफ देखो, मेरी तरफ देखो मोहिनी, देखो मेरी तरफ! अभी तुमने मुझसे कुछ कहा, वह क्या कहा था?''

लड़की का मुंह जैसे बन्द हो गया। उसकी आंखों में से आंसू नीचे गिर पड़े। अब फिर वह कहने लगी :

''स्वप्न का क्या मोल जीवन जागरण है
इसलिए इसमें नहीं रस, बस मरण है
इसलिए ही स्वप्न तुमसे चाहता हूं
मौत से छुपकर तुम्हें मैं मांगता हूं।''

''लेकिन,'' डॉक्टर ने कहा, ''मौत से छुपकर कोई किसी को पा सका है! वह ले जाने के लिए आती है मोहिनी, देने के लिए नहीं। वह सबसे कठोर निर्मम वस्तु है। उस दिन उसने इक्कीस साल की उम्र में तुम्हारा जीवन समाप्त कर दिया था। लेकिन पन्द्रह

से लेकर इक्कीस तक के छः वर्ष रमिया के जीवन के लिए सबसे बड़ा बोझ थे। सुबह आती थी, चली जाती थी; शाम आती थी, वह भी चली जाया करती थी। दो अंधेरों के बीच में क्षण-भर खिल उठनेवाला उजाला अपनी सारी चमक के बावजूद एक अंधेरे के समान हुआ करता था। याद है?''

लड़की ने सिर हिलाया और उसकी आंखों में फिर आंसू आ गए जैसे वह कुछ भूल जाना चाहती थी, लेकिन उसे फिर कुछ याद आ जाना चाहता था।

डॉक्टर ने कहा, ''उसको भूलने की कोशिश मत करो! भूलो मत उसको! क्योंकि जितना तुम भूलने की कोशिश करती हो, वह तुम्हारे जन्म-जन्मान्तर के लिए कसक बनकर तुम्हारे जीवन के भीतर भरती जा रही है। रमिया जिसे प्यार करती थी, देख रही हो न, उसी की खिड़की के सामने खड़ी-खड़ी देख रही हो, जिसे तुम प्यार करती थीं, जिसे रमिया प्यार करती थी, आज उसके सामने एक दूसरी लड़की बैठी हुई है सोने के गहने पहने हुए। यह उसी वर्ग की लड़की है, उसी जाति की लड़की है, जिस जाति में तुम्हारा प्रेमी पैदा हुआ है। इसलिए तुम उसको नहीं पा सकतीं। अब तुम रो रही हो। अपने-आपको भूलकर, हिचकियां लेकर, लेकिन किसलिए? तुम्हारे भीतर तपेदिक बैठ गई है, वह तुम्हें खा रही है और इस बीमारी में भी तुम रोज़ उस खिड़की के पास आकर एक आंख से देख जाती हो, फिर खून उगलती हो लेकिन मुंह से कुछ नहीं कहतीं। आज तुम्हारी हालत बहुत खराब है। आज फिर तुम उसी पेड़ के नीचे बैठी हो, आज तुम्हारा प्रेमी अपनी प्रिया के साथ बैठा है और वह कहती है कि मेहतरानी की लड़की इस पेड़ के नीचे क्यों बैठ जाती है? इस हरामज़ादी को कोई दूसरी जगह नहीं मिलती? आपके यहां भंगी की जात को बहुत सिर पर चढ़ाकर रखा गया है। हमारे यहां तो ये लोग इतने पास भी नहीं आ पाते। सन् 1912, सुनती हो, सन् 1912 की बात है। तुमको याद नहीं आ रही है। तुम निराश-सी उठकर उसकी खिड़की के सामने से चली जाती हो। उदास हो गई हैं सूरज की किरणें, थक गई है हवा, झुक रहा है आसमान, निराश हो गई है धरती, तुम्हें सब कुछ काटे जा रहा है और आज तुम इतनी थक गई हो, इतनी थक गई हो कि अब जीवित रहने का अरमान तुम्हारे अन्दर बाकी नहीं रहा। क्योंकि तुमने जिसको प्यार किया था उसको किसी दूसरी स्त्री ने जीत लिया है और तुम किसी दूसरे की ब्याहता होकर उसकी नहीं बनी हो, यह तुम्हारे मन को खाए जा रहा है। भंगी के गंदे और छोटे-से घर में तुम खून की कै कर रही हो और आज तुम रोना चाहकर भी रो नहीं पा रही हो, क्योंकि तुम्हारे आंसू सूख गए हैं मोहिनी, उस जन्म का परिणाम क्या हुआ!''

हठात् लड़की के मुंह से निकला, ''कुछ नहीं डॉक्टर साहब, कुछ नहीं हुआ :

वेदना आई सिमट कर रह गई
प्राण के भीतर थमी-सी रह गई
छोर उसका अब मुझे मिलता नहीं
मौत मेरी ज़िन्दगी है बन गई।''

डॉक्टर ने उसका कंधा थपथपाया और कहा, ''रोओ नहीं! बोलना सीखो! किसी

ज़माने में बहुत अच्छा बोलती थीं।''

फिर लड़की ने फूट-फूटकर रोते हुए कहा, ''क्या बोलूं डॉक्टर साहब, बोलना चाहती हूं तो बोल नहीं पाती। मुझे बोलने का अधिकार किसने दिया है?''

''मैं देता हूं तुमको यह अधिकार! तुमसे यह अधिकार छीननेवाला है कौन? पहाड़ के नीचे आकर जब नदी दबती है, तब उसका नाद चाहे कोई नहीं सुन सके, लेकिन वह भयंकर स्वर से चिल्लाती है और उसकी शक्ति जानती हो? वह पहाड़ की जड़ काट देने की शक्ति रखती है। बड़े-बड़े पहाड़ नीचे लुढ़ककर गिर जाते हैं। तुम डरती हो इन मामूली बातों से? तुम जाति के बंधन नहीं तोड़ सकतीं? बताओ मुझे वह कौन जाति है?''

''डॉक्टर साहब, वह ब्राह्मण है।''

''और तुम कायस्थ हो?''

''हां, डॉक्टर साहब!''

''और वह तुमसे शादी करने को तैयार है?''

लड़की की आंखों में एक विचित्र-सा भाव आया और उसने कहा, ''मैं कुछ नहीं जानती डॉक्टर साहब, मैं कुछ नहीं जानती! मेरी मजबूरियां ऐसी हैं कि मैं सब कुछ भूल जाना चाहती हूं। मैंने एक कल्पना की थी।''

डॉक्टर ने कहा, ''लेकिन कल्पना तो सब लोग करते हैं, कल्पना सब लोग कर सकते हैं। यहां तो तुममें इतना साहस होना चाहिए कि उस कल्पना को यथार्थ बनाने के लिए अपने-आपको बलिदान कर दो।''

''आत्महत्या कर लूं डॉक्टर साहब! आप यह कहना चाहते हैं?''

''आत्महत्या कायरों का काम है मोहिनी, उसे बलिदान नहीं कहा जा सकता। बलिदान समर्थों का काम है, उसमें चुनौती दी जाती है, उसमें दूसरों की गल्तियों को दिखाकर एक न्याय की स्थापना की जाती है। उसको करने से क्यों डरती हो? बस वही सवाल करोगी कि मेरे मां-बाप की इज़्ज़त का सवाल है। क्या इज़्ज़त, कैसी इज़्ज़त, इज़्ज़त का ख्याल सबसे बड़ा गलत ख्याल है। इज़्ज़त का जो कंसेप्शन[1] है वह हर ज़माने में बदलता रहता है।''

''डॉक्टर साहब, उन्होंने मुझे पाल-पोसकर बड़ा किया है।''

डॉक्टर ने सिर हिलाकर कहा, ''ठीक है, पाल-पोसकर बड़ा किया ज़रूर है, लेकिन तुम अपनी इच्छा से तो इस दुनिया में नहीं आई थीं न?''

''नहीं आई थी!''

''फिर तुम इनका क्यों ख्याल करती हो? अब तुम्हारा मतलब निकल गया, बड़ी हो गईं पल गई हो। दुनिया में अपना मतलब सब पहले देखते हैं। तुम उनकी क्यों चिन्ता करती हो, उनको छोड़कर जहां कहीं आनन्द मिलता हो वहां का रास्ता पकड़ो।''

---

1. धारणा

"यह तो बड़ी नीचता हुई डॉक्टर साहब।"

"अच्छा, तुम यह भी मानती हो? तो तुम यह मानती हो कि किसी ने तुम्हें पाला है तो किसी मोहब्बत से पाला है। तुम्हारे लिए मां-बाप के दिल में कुछ मोहब्बत है।"

"क्यों नहीं है डॉक्टर साहब!"

"तो फिर उस मोहब्बत का मोल तुम क्यों नहीं देखती हो? यह तो तुमने बड़ी परेशानी की बात खड़ी कर दी मोहिनी! अगर तुम यह मानती हो कि वे तुम्हें मोहब्बत करते हैं तो तुम्हें यह भी मानना पड़ेगा कि वे जो कुछ करते हैं तुम्हारे भले के लिए करते हैं। फिर तुम यह सवाल क्यों उठाती हो कि तुम्हारी मर्जी के खिलाफ शादी होने वाली है? एक तरफ की बात करो! यूरोप में पहले जमाने में लड़कियों की शादी उनके मां-बाप किया करते थे। उसके बाद ज़माना बदल गया। लड़कियां अपने-आप करने लगीं। लेकिन यूरोप में और भारत में विवाह के मामले में एक मूलभूत भेद है। हिन्दुओं में जब शादी होती है तब लड़की को यह समझाया जाता है कि तुम दूसरे के घर में जा रही हो। इसलिए वहां सास-ससुर, देवर-जेठ, ननद इन सबको अपना समझना और उस घर में हिल-मिल जाना। इसलिए पहले छुटपन में ही लड़की की शादी कर दी जाती थी ताकि वह अलगाव महसूस न करे और उसी परिवार में हिल-मिल जाए। बड़े हो जाने के बाद लचक कम हो जाती है और लड़की दूसरे घर में जाकर मिल नहीं पाती। इसमें भी खराबियां थीं और उन खराबियों की वजह से धीरे-धीरे वह व्यवस्था टूटने लगी। यूरोप में ऐसा नहीं होता था। यूरोप में शादी के वक्त दूल्हा यह वादा किया करता था कि जो स्त्री आज मुझे मिल रही है मैं इसी स्त्री के लिए अपने माता-पिता, भाई-बहन सबको छोड़ दूंगा। तो तुमने देखा, भारतीय परम्परा यह कहती थी कि लड़के को पाल-पोसकर बड़ा करनेवाले मां-बाप लड़के के विवाह के बाद त्याज्य नहीं थे, बल्कि नई लड़की को आकर उस घर में उन सबके साथ हिल-मिलकर रहना होता था। यूरोप में इससे उल्टा था। वहां पाल-पोसकर लड़का बड़ा कर दिया जाता था। तब वह अपनी गृहस्थी बसाता था और अलग हो जाया करता था। यूरोप की सामन्तीय व्यवस्था के बाद यह चीज़ बहुत तेज़ी से आगे बढ़ी। हमारे हिन्दुस्तान की बुनियाद अभी तक उस पुराने सामाजिक ढांचे पर खड़ी हुई है। लेकिन उस पर पश्चिम की सभ्यता ने यह असर डाला है कि एक ढांचे में दूसरा ढांचा अपने को घुसा लेने की कोशिश करता है। सोचकर देखो, इस आधुनिकता ने स्त्री का अपमान अधिक किया है या उसका सम्मान अधिक बढ़ाया है। पहले ज़माने में शादी के वक्त लड़की की राय नहीं ली जाती थी, लेकिन उसके साथ याद रखने की बात यह है कि लड़के से भी राय नहीं ली जाती थी। लेकिन अब राय ली जाने लगी तो लड़कियां बेबस हो गईं। लड़के लड़की का फोटो मंगाकर उसके रूप को देखने के लिए उसके घर आने लगे। इसमें लड़की का कितना अपमान है कि सूरत देखकर उसका चुनाव किया जाता है! सूरत ही तो इस दुनिया में सब कुछ नहीं होती, सीरत भी होती है। कुछ परिवारों ने ऐसा किया कि लड़कियों को छूट दे दी कि वे अपने आप लड़का चुन लें। लेकिन वे अमूमन गल्तियां कर जाती हैं। पहली झलक से किस तरह एक लड़का और एक लड़की

एक-दूसरे को जान सकते हैं, बल्कि एक हफ्ते साथ रहकर भी कैसे एक-दूसरे को पहचान सकते हैं! अगर यह आज़ादी दी जाए कि वह साल-डेढ़ साल साथ रहकर एक-दूसरे के स्वभाव को जान लें, तब भी इस समस्या का हल नहीं हो सकता। क्योंकि अगर नैतिक बन्धन यह है कि भाई तुम दोनों को साथ हर हालत में रहना ही है, तब तो उन दोनों के दिमाग में यह बात रहेगी कि साथ रहना है इसलिए अपने भेदों को भुलाकर हमको एक होने की चेष्टा करनी है और अगर दिमाग में यह हो कि यह मेरी बात नहीं मानती और यह मेरी बात नहीं मानता और इसको मेरी बात माननी चाहिए, तो बजाय मेल होने के यही बात बार-बार खड़ी होती रहेगी कि यह नहीं मानती तो मैं इसे छोड़ता हूं या छोड़ती हूं। तो तुम देखती हो न कि ये सारे तरीके जो हमारे सामने आए हैं उन सबको पहले आदमी कर चुका है। तुम जानती हो इस बात को?''

लड़की के मुंह से निकला :

''कर चुका हूं भूल इतनी बार पहले भी यहां पर
अब उन्हें दोहरा नहीं सकता हज़ारों बार फिर से
क्या करूं लाचार हूं किस ओर जाऊं मैं कहां पर
इसलिए इस द्वार पर ही आ गया हूं हार फिर से।''

डॉक्टर ने कहा, ''लौटकर आए भी तो क्या आए, यह कोई लौटने में लौटना नहीं है। तुम्हें याद है, आज से तीन हज़ार साल पहले तुम एक अप्सरा थीं, गंधर्वी। तुम्हारा नाम प्रतीची था और तुमने जब विश्वावसु को देखा था, तुम मोहित हो गई थीं। देखो, देखो मोहिनी, सरोवर कैसा प्रशांत है।''

9

''विश्वावसु! मैं अलकापुरी से आ रही हूं!''

विश्वावसु ने कहा, ''मैंने तुम्हें उस दिन कुबेर के यहां नृत्य में देखा था। तब तुम मुझे पहचान न पाई थीं। मैं तब उत्तर की ओर चला गया था। वहां नीलम के पहाड़ हैं, नर लोग वहां खानों में काम करते हैं। कुबेर ने मुझे उनका काम देखने के लिए भेजा था। तुम जानती हो, उनकी मुझ पर असीम कृपा है?''

''मैं जानती हूं,'' प्रतीची ने कहा, ''थक गई हूं!''

''तो बैठो न, कैसी स्फटिक जैसी शुद्ध शिला है। वसन्त ऋतु है, कैसा मधुर पवन चल रहा है प्रतीची। सारी पृथ्वी में कैसी सुगन्धि बगर रही है, पक्षियों का कल-कूजन सुनाई दे रहा है। इन हरे-भरे वृक्षों की छायाओं में हिरण कैसे निष्कपट-से आनन्दपूर्वक घूम रहे हैं। वह देख रही हो, वह छोटा-सा मृग का शावक रोमन्थन करता हुआ कैसा कूद रहा है। सरोवर में हंस और कारंडवों की मधुर ध्वनि गूंज रही है। आज तुमने अपरूप श्रृंगार किया है प्रतीची! इतने फूलों से सज-धजकर कहां जा रही हो?''

“आज मैं तुम्हारे ही लिए आ रही थी विश्वावसु! काम ने मुझे पीड़ित कर दिया है इसीलिए मैं तुम्हारी खोज में इधर आ रही थी।”

वे दोनों बैठ गए।

“मैं तुम्हारे लिए फूल ले आऊं, ढेर-ढेर फूल!”

“लाओ न विश्वावसु! मैं भी तुम्हारे साथ चलती हूं!”

“तुम मुझे एक गीत सुनाओ, सुनाओगी न?”

आकाश में पक्षियों के झुंड उड़ने लगे थे। एक सुनहला तार-सा खिंच गया था जो सरोवर के जल में आकर झनझना उठता। उस रमणीय वेला में प्रतीची गाने लगी। उसका यौवन मुखरित हो रहा था। आनन्द उसके अंग-अंग में मांसलता का प्रतीक बनकर बिजली की तरह स्फुरित होने लगा था। उस कमनीय सौन्दर्य को देखकर विश्वावसु अपने-आपको भूलने लगा। तितलियां उड़ रही थीं, भौंरे गूंज रहे थे, उनके गुंजन से पराग से भारिल हुआ पवन मंथर और अलस गति से चल रहा था। प्रतीची के गीत के बोल गूंजने लगे :

“कुबेर की सभा में मैंने तुझे देखा और तुझे देखते ही मेरे नयनों से कुछ मेरे शरीर के अन्दर उतर गया। ओ रूप के मतवाले! तू ऐसा चंदा है जिसकी छाया सरोवर में पड़ती है तब भी उसका उजियाला ज्यों का त्यों बना रहता है। मैं तुझे ढूंढ़ती हूं मतवाली बनकर लेकिन तू मुझसे दूर कहां है क्योंकि तू मेरे यौवन की ऊष्मा में मेरा स्पन्दन बन गया है, तेरी स्मृति भी मेरे लिए स्पर्श का सा उत्ताप बन गई है। ओ, मेरे प्राणों को विभोर कर देने वाले गंधर्व! तू जीवन का सुख है। मैंने बहुत-से गंधर्व देखे हैं लेकिन तुझ-सा नहीं देखा। जब सुन्दरियां कल्पवृक्ष से निकली हुई मदिरा पीकर लड़खड़ाते पगों से चलती हैं उनके पांवों का आलोक तक जल के फूलों जैसा झरता हुआ दिखाई देता है, जब नृत्य-विभोर होकर दम्पति आनन्द से संगीत की तान उठाते हैं, जब सुवर्ण दीपों में रात्रि-जागरण करके प्रिय और प्रिया आसव-पान करते हैं, तब मधु और माधव मेरे कानों में आकर यह कहते हैं—री बावली, तू जिसे खोज रही है वह हठीला अभी तेरे पास नहीं है। सांझ की छायाएं आती हैं, सुनहले कलश वाले अभ्रंकश महलों पर ताम्रवर्णा ज्योति लोटने लगती है और कक्ष-कक्ष ले अगरु धूम सुवासित-सा लहरियां लेता निकलने लगता है, तब मृदंगों की झंकार पर अंगनाएं अपने यौवन को खुलकर लुटाती हैं, दीपों के आलोक को और दीपक अपनी समस्त रत्न-ज्योति लेकर भी स्तम्भित रह जाते हैं उस सौन्दर्य-शिखा को देखकर। किन्तु मेरे मन की प्यास नहीं बुझती मेरे प्रियतम! मैं न जाने कब से प्यासी बैठी हूं। वर्षा आती है और अपने जल से वन के वृक्षों में हरहराहट भर देती है। शारदी आती है ज्योत्स्ना का अंगराग लगाकर, हेमन्तिनी आती है अपने सुवासित वस्त्रों को धारण करके और शिशिरा आती है अपने आलिंगन की ऊष्मा लिए। वासंतिनी आती है अपने नयनों में विभोर घूर्णित लालिमा लिए। आती है ग्रीष्मा अनथक प्यास लिए, पर ओ मेरी प्रीत! तेरे बिना मुझे कुछ भी नहीं सुहाता! मेरी मांसल भुजाएं तेरे आलिंगन के लिए विह्वल रहती हैं। आ, तू मेरे नयनों में डूब जा! आ, तेरे समीप रहकर मैं जीवन का सुख पा सकूं!”

गंधर्वी का वासनामय गीत गूंजता रहा। तब तक विश्वावसु फूलों को आपस में गूंथकर दो सुगंधित मालाएं बना लाया और उसने एक माला उसके गले में डालकर कहा, ''आओ प्रतीची, अब हमारा-तुम्हारा विवाह होगा। इसलिए यह माला मेरे गले में डाल दो, ताकि फिर कोई धर्म का बन्धन न रहे।''

प्रतीची ने हर्ष-विभोर नेत्रों से देखते हुए जिस समय उसके गले में माला डाली उस समय मृग मृगी के शरीर से अपना सींग रगड़कर अपना दुलार प्रकट कर रहा था। अब वे दोनों हाथों में हाथ डालकर चलने लगे। प्रतीची ने कहा, ''पास में ही हेमकर्णा रहती है, हेमकर्णा! आओ हम-तुम पति-पत्नी उसके यहां चलकर आसव पी आवें क्योंकि मुझे कुछ थकान लग रही है।''

जिस समय वे हेमकर्णा के घर पहुंचे गंधर्व और गंधर्वियों का सामूहिक नृत्य हो रहा था। वहां कुछ किन्नर भी उपस्थित थे। वे लोग मदिरा पी रहे थे और अखंड संगीत चल रहा था। जब संगीत रुका तब एक गंधर्वी ने कहा, ''अरे तू कब आई और यह तेरे साथ कौन है?''

''यह मेरा पति है हेमकर्णा!''

''कब विवाह हुआ?''

''आज ही संध्या को!''

''अच्छा किया!''

''अब तुम लोग कहां विश्राम करोगे? तुम्हारा घर तो दूर है न?''

''हां!''

''अरे यह तो विश्वावसु है। मुझे तो कुछ ज्ञात ही नहीं हुआ।''

प्रतीची ने कहा, ''मदन ने मेरे हृदय को मथ दिया था इसलिए मैं काम-पीड़ित होकर इनको ढूंढ़ती हुई आई थी। आज रात हम लोग सरोवर-तीर पर चांदनी में मंदारकुंजों के पास जहां यूथिका बगर रही है, फूलों की शय्या बनाकर सुख लूटेंगे।''

उपस्थित समुदाय ने उन लोगों का आनन्द मनाने के लिए नई मदिरा उंड़ेली। फिर रजत-संगीत उठने लगा। फिर मृदंग के रव पर नूपुरों की हुंकार सुनाई देने लगी। स्फटिक की भीतों पर रणरणाते कंकण अपनी छाया डालने लगे जिससे मरकत के वातायनों की कोर प्रदीप्त हो-हो उठने लगी। उस उन्मत्त विलास में गंधर्व-दम्पति बिछुड़ गए और फिर अपनी मनोकामनानुसार गंधर्व और गंधर्वियां नृत्य करने लगीं। बाहर चंद्रमा उठ आया था। आकाश में जैसे कोई हंस तिर रहा था, नीलम-से जल में जैसे कोई चांदी की नैया बही चली जा रही थी। फूलों की गंध से लदा समीर उस विशाल भवन के भीतर घुसकर सुन्दरियों के सरसराते रेशमी वस्त्रों के पीछे छिपने की चेष्टा करने लगा था। प्रतीची के नयन भारालस हो गए थे। उसने विश्वावसु के कंधे पर हाथ रखकर कहा, ''चलो प्रियतम! बाहर चलें, जहां से दूर पर्वत-माला दिखाई दे रही होगी। इस समय उसके शिखर पर बर्फ को छू-छूकर चांदनी जम-जमकर इकट्ठी होती चली जा रही होगी। सुदूर से ऐसा लग रहा होगा जैसे किसी ने दीपावली सजा दी हो।''

उस समय किसी गंधर्वी का गीत गूंजने लगा था :

''उनींदे नयनो, रात सोकर न बिता देना, क्योंकि पलकों का पहरुवा बनकर यह समीर चल रहा है। त्रिभुवन में आनन्द वेला है। यह चांदनी नहीं है, यह आकाश-सुन्दरी की मेखला है जो मानो खुल गई है। देखो! पवन बीणा बजा रहा है, आओ बाहर चलो जहां अनिंद्य सौन्दर्य झर रहा है। रूप की विभोर कर देने वाली तरंगें मन और मन के भीतरी स्थलों को मथे डाल रही हैं। मौलश्री के वृक्ष की भांति अलस भोर में गंधमय सुवासित गान को देने वाला कौन है, केवल तुम्हारा खुमार। रात के सम्पुट में यौवन में दाह लाने दो। यह जितना ही भस्म होगा उतना ही उसका बल बढ़ेगा। पर्वत-पर्वत पुकार रहा है, झील-झील गूंज रही है, वन-वन महक रहा है। मार्ग-मार्ग पर तुम्हारे पद-चिह्न दिखाई दे रहे हैं। आकाश और पवन में विचरण करने वाला तुम्हारा यौवन अनन्त है, क्योंकि तुमने यौवन को भोगना सीखा है, क्योंकि तुमने जीवन के आनन्द का रस लेना सीखा है। नर और नारी काम की आज्ञा से सब कुछ करते हैं, काम हमारा देवता है। काम का तो फूलों का धनुष है। भौरों की प्रत्यंचा चढ़ाकर वह उस धनुष को खींचता है, वह जगत्-विजयी है। उसको प्रणाम करो! प्यासे कर्णिकार और अशोक तुम्हारे स्पर्श के लिए लालायित हो रहे हैं, सुन्दरियो! आ जाओ उतरकर जीवन-सरोवर में, जल-क्रीड़ा करो, तुम्हारे स्पर्श से फेन-फेन बलिहारी हो जाएगा!''

गीत उठता रहा, गीत उठता रहा! प्रतीची और विश्वावसु अपनी फूलों की शय्या के समीप आ गए और उसके बाद उनका आनन्द मुखरित हो उठा। जो भी गंधर्व और गंधर्वी उनको विलास में रत देखते वे उनकी प्रशंसा करते, उनके लिए मदिरा लाते, उनको मांस खिलाते और उधर गंधर्वों की अग्नियां पवित्रता से जलती रहतीं।

कितने ही दिन बीत गए। उस दिन विश्वावसु सो रहा था। तुमने उस बालक को वहीं सुला दिया ओर चलने लगीं। विश्वावसु ने कहा, ''प्रतीची, कहां जा रही हो?''

''मैं जा रही हूं, क्योंकि मैं स्वतन्त्र हूं।''

''और यह बालक?''

''इसका भरण-पोषण तुम करोगे। सनातन का यही नियम है कि गंधर्वी स्वतन्त्र है, अप्सरा है। यदि वह चाहे तो बालक का पालन करे अन्यथा पुरुष को ही यह कार्य करना होगा।''

''मुझे स्वीकार है प्रतीची, लेकिन तुम मुझे छोड़कर कहां जा रही हो?''

''मैं मुक्त हूं विश्वावसु! तुम मेरे ऊपर कोई बन्धन नहीं बांध सकते। यही सनातन का नियम है। नारी ही रहस्य है क्योंकि वह सन्तान को जन्म देती है, वह पुरुष से हेय नहीं है। मेरा-तुम्हारा परिणय हुआ था थोड़े दिन का। दोनों ओर से हम एक-दूसरे को और भी चाहते रहते, तो हमारा जीवन एक-सा चलता रहता, किन्तु मैं जिस गंधर्वी की कन्या हूं, वह कुबेर की प्रिया है। मैं उसी के पास चली जाऊंगी, जहां से मैं आई थी।'' और प्रतीची चली गई। विश्वावसु देखता रहा।

10

"क्या समझती हो तुम मोहिनी, मनुष्य कितने ही प्रयोग कर चुका है। यह प्रयोग भी किया जा चुका है किन्तु इसकी अस्थिरता ने समाज को सुख नहीं दिया, इसलिए नियम बदल गए। यह गांधर्व विवाह बहुत दिनों तक क्षत्रियों में चलता रहा था, ब्राह्मणों में भी चलता था। तभी दुष्यन्त ने शकुन्तला से यही गांधर्व विवाह किया था। किन्तु उस समय समाज के नियम बदल चुके थे। एकांत में किया हुआ यह गांधर्व विवाह समाज की मान्यता प्राप्त नहीं करता था इसलिए जब शकुन्तला गर्भवती होकर उसके यहां आई तो एकाएक दुष्यन्त को साहस नहीं हुआ कि उसे पत्नी के रूप में स्वीकार कर ले, क्योंकि उसे लोक-लाज का भय था। समाज की मर्यादाएं बदल जाती हैं, लोक निरन्तर बदलता है। क्या तुम समझती हो कि आज जो स्वतन्त्र प्रेम की पश्चिम में दुहाई दी जा रही है वह भारत के लिए अनदेखी है? वह प्रयोग हो चुका है मोहिनी, उसने समाज की समस्या को सुलझाया नहीं है। स्वतन्त्र मिलन पर स्त्री और पुरुष दोनों ही काम की अति को रोक नहीं सकते और आज तुम अमेरिका में देख रही हो कि वहां स्वेच्छा ने तरुणियों में काफी सीमा तक असंतोष ही पैदा किया है, सन्तोष नहीं।"

मोहिनी ने कहा, "किन्तु मैं तो वैसी मर्यादा नहीं चाहती।"

"तो फिर तुम स्वतन्त्र प्रेम किसे कहती हो? मैं इस प्रेम की व्याख्या चाहता हूं। तुम मुझे बता सकती हो कि तुम किसके प्रति आकर्षित हो?"

हठात् मोहिनी चुप हो गई।

"क्यों नहीं बोलतीं?"

ऐसा लगा जैसे मोहिनी फिर गूंगी हो गई थी।

डॉक्टर देखता रहा, देखता रहा। फिर उसने कहा, "हमारे संस्कार हमारे भीतर इतने गहरे उतर चुके हैं कि हम उन्हीं में पाप-पुण्य को मापते हैं। लेकिन सत्य यह है कि आज जो बहुत कुछ पाप कहलाता रहा है वास्तव में वह अपने-आपमें पाप नहीं है। पाप और पुण्य समाज के बदलते हुए नियम हैं। एक युग में जो पाप रहता है दूसरे युग में वह पुण्य भी बन सकता है। हमारी बोलचाल की मर्यादाएं भी बदलती जाती हैं। आज जिन बहुत-सी बातों को हम अश्लील कहते हैं, प्राचीन काल में वे अश्लील नहीं मानी जाती थीं। उनका विकास दूसरी भांति हुआ करता था। सबसे बड़ी समस्या तो यह है कि न हम स्वतन्त्र प्रेम को स्वीकार करते हैं, न प्रेम के बन्धन को स्वीकार करते हैं। जब बन्धन की बात आती है तब हम व्यक्तिगत स्वातन्त्र्य की बात करते हैं। जब व्यक्तिगत स्वातन्त्र्य के स्वेच्छाचार की बात आती है तब हम सामाजिक मर्यादाओं की बात करते हैं। यदि हम आयु बढ़ने पर विवाह की बात करते हैं तो बहुत-सी बातें ऐसी मालूम देती हैं जो यह प्रमाणित करती हैं कि कम आयु में विवाह होना अच्छा था, किन्तु जब हम उस समाज की बात करते हैं तो हमें अनेक खराबियां दिखाई देती हैं। समाज किन्हीं मर्यादाओं पर चला करता है। हमारे साथ सबसे बड़ी परेशानी यह है कि हमारी कल की दुनिया मर

चुकी है और नई दुनिया ने अभी जन्म नहीं लिया है। हमने तर्क करना सीखा है केवल कोरी बातों को काट देने के लिए। हम सब कुछ काट सकते हैं लेकिन नये को स्थापित नहीं कर सकते, क्योंकि हमारा तर्क ध्वंस के आधार पर बना है, निर्माण के आधार पर नहीं। जिसे आधुनिकता कहा जाता है, वह यूरोप की व्यक्तिगत कुंठा का स्वरूप है जिसमें दमित वासनाएं काम करती हैं। दूसरी ओर लोग आधुनिकता उसे कहते हैं जिसमें समाज के बन्धन हैं जैसे कि रूस में। वे लोग व्यक्तिगत स्वातन्त्र्य की उस सीमा को कभी स्वीकार नहीं करते, जिसे पश्चिमी यूरोप स्वीकार करता है और हम भारत में इन दो संसारों के साथ एक तीसरे संसार के साथ भी रहते हैं जो हमारी सामन्तीय विरासत है। तुम मुझे इसका उत्तर दे सकती हो कि इन सबमें से बाहर निकलने की राह कौन-सी है?''

लड़की ने कुछ नहीं कहा।

घड़ी की ट्न-ट्न की आवाज़ आने लगी। डॉक्टर का ध्यान हटा। उस समय काफी देर हो चुकी थी।

11

हरबंसलाल ने अपना चश्मा उतारकर पोंछा और पुकारा, ''हरिमोहन!''

लड़का भीतर आ गया।

''क्यों, डॉक्टर साहब ने क्या कहा?''

कमरे में सांझ की धूप छन-छनकर आती थी और सोफासेट पर एक उजाला-सा फैला देती थी। हरबंसलाल अखबार पढ़ रहा था।

हरिमोहन ने कहा, ''मुझे तो नहीं मालूम बाबूजी, मुझसे तो कुछ नहीं कहा।''

''तू इतने दिन से साथ जाता है आखिर कुछ देखता-सुनता तो होगा?''

''मैं तो बाहर बैठा रहता हूं, जीजी डॉक्टर साहब से बातचीत किया करती हैं!''

''क्या कहा, बातचीत किया करती है? तो वह डॉक्टर से बात करती है?''

''करती हैं लेकिन मुझसे कुछ बात नहीं करतीं।''

''और घर आकर बात करती है किसी से?''

''नहीं, घर पर भी बात नहीं करतीं, पर अब पहले की तरह बार-बार कविताएं नहीं गातीं।''

हरबंसलाल ने सोचते हुए कहा, ''तब तो मुझे डॉक्टर से मिलना चाहिए। मालूम देता है कि उसका इलाज कुछ असर दिखा रहा है।''

जिस समय हरबंसलाल डॉक्टर के पास पहुंचा डॉक्टर एकांत में कुछ लिख रहा था। भोला ने सूचना दी। डॉक्टर ने कहा, ''बुला लो।''

हरबंसलाल ने आकर नमस्कार किया।

डॉक्टर ने कहा, ''बैठिए, कहिए कैसे तकलीफ की?''

“जी, मैं उसी सिलसिले में आपसे पूछने आया था।”

डॉक्टर ने आंखें उठाईं। “इलाज के मामले में न?” डॉक्टर ने पूछा।

“जी हां।”

“आपकी लड़की ठीक हो जाएगी।” डॉक्टर ने कहा।

हरबंसलाल ने प्रसन्न होकर कहा, “तो उसका गूंगापन चला जाएगा! तो यह बेकार की कविताएं गाना बन्द कर देगी! बिलकुल वैसी हो जाएगी जैसी पहले थी, आई मीन नॉरमल!”

डॉक्टर ने अपनी कलम को रखते हुए कहा, “फिलहाल तो हो ही जाएगी।”

“क्या मतलब!” हरबंसलाल ने चौंककर पूछा, “फिलहाल माने क्या, यानी आयन्दा फिर उसका इसी तरह गूंगा हो जाना मुमकिन है?”

डॉक्टर ने सिगरेट सुलगाते हुए कहा, “लीजिए।”

दोनों के धुएं से कमरा एक बार फिर भर गया। डॉक्टर ने कहा, “मिस्टर हरबंसलाल! एक जख्म लगा करता है। यह जख्म भर भी सकता है लेकिन कुछ जख्म ऐसे होते हैं जो ऊपर से भरे जा सकते हैं, भीतर से नहीं। घाव को मैं पूरा कर सकता हूं लेकिन उसकी जड़ को नहीं मिटा सकता।”

हरबंसलाल समझा नहीं। उसने सिगरेट की राख ऐश-ट्रे में झाड़ते हुए कहा, “मैं आपका मतलब नहीं समझा।”

“लेकिन आप समझ भी नहीं सकेंगे,” डॉक्टर ने कहा, “इसलिए कि कुछ सत्य ऐसे होते हैं जिनको न सुनना ही ठीक होता है।”

“आप मुझसे खोलकर साफ-साफ क्यों नहीं कहते!”

“मैं इसलिए नहीं कहता कि आपमें सुनने की ताकत नहीं है।”

“क्यों?”

“इसलिए कि आपकी कुछ मर्यादाएं हैं। हालांकि आप बहुत बूढ़े नहीं हैं और बीसवीं सदी में पैदा हुए हैं और उन्हीं आन्दोलनों में से गुज़रे हैं जो आपके सामने से आते रहे हैं, बढ़ते रहे हैं, फैलते रहे हैं। फिर भी अपनी परम्पराओं में आप इसी तरह चिपटे रहे हैं, जिस तरह कोई घोंघा अपने लिए एक सख्त-घर बना लेता है। इसलिए मैं समझता हूं कि इसे न जानना ही आपके लिए ज़्यादा फायदेमन्द होगा।”

“और अगर आप मुझे बता ही दें तो क्या हर्ज़ है?”

“वैसे तो हर्ज़ कुछ नहीं है लेकिन इसमें हर्ज़ भी हो सकता है, क्योंकि आदमी को जब कहीं धक्का लगता है तब उसे गुस्सा आता है और गुस्से में आदमी हमेशा वही नहीं किया करता जो ठीक होता है। मैंने बड़ी मुश्किल से एक-एक मुट्ठी मिट्टी उठाकर एक बांध बनाया है। हो सकता है कि जो कुछ मैंने अपने हिप्नोटिज्म और आदमी की परख आदि कौशल से इतनी बड़ी सफलता प्राप्त की है, उसे आप बहुत ज़्यादा रंजिश के शब्दों के द्वारा नष्ट कर दें। इसलिए मैं ऐसा क्यों करूँ? मैं एक बार अपनी सफलता पूरी तरह से प्राप्त कर लूँ, उसके बाद आप भले ही केस बिगाड़ दीजिए, मुझे कोई एतराज़

न होगा।''

हरबंसलाल समझा नहीं। उसने कहा, ''आप भले ही मुझे न बताएं लेकिन मुझे भी कुछ तजुर्बा है। बात ऐसी कोई ज़रूर है जो मेरी इज़्ज़त से ताल्लुक रखती है।''

''बिल्कुल गलत,'' डॉक्टर ने कहा, ''उसका ताल्लुक आपकी इज़्ज़त से नहीं है। हो सकता है तो आपने जो इज़्ज़त के बारे में खयालात बना रखे हैं, उनसे हो सकता है। हर समाज में लोगों के कुछ विचार होते हैं। उन विचारों को वे शाश्वत यानी कि 'इंटरनल' समझते हैं। आयु अपने साथ कुछ विशेष प्रकार के चिन्तन लाया करती है। आदमी उनमें से बाहर नहीं निकल पाता, इसलिए अच्छा हो कि आप जानने की कोशिश न करें।''

''अच्छी बात है, मैं इस बीच में दखलन्दाजी नहीं करूँगा। लेकिन आपका क्या ख्याल है, लड़की कब तक ठीक हो जाएगी?''

''लड़की तो ठीक हो चुकी मिस्टर हरबंसलाल। लेकिन उसकी बुनियाद कच्ची है। बहुत छोटे-से बच्चे के हाथ में अगर आप कोई बहुत बड़ी-सी चीज़ थमा दें तो वह उसे पकड़े नहीं रह सकता। वह चीज़ गिर जाएगी और बच्चे के चोट आ जाएगी, क्योंकि वह उसे उठा नहीं सकता और अपने को उससे बचा नहीं सकता।''

हरबंसलाल ने कहा, ''आप तो पहेलियों पर पहेलियां बुझा रहे हैं।''

''मैं कोई पहेली नहीं बुझा रहा हूं हरबंसलालजी,'' डॉक्टर ने कहा, ''क्या आपकी पहेली इससे बुझ जाएगी कि मैं आपको कोई गलत बात बता दूं? मान लीजिए कि मैं आपसे कहता हूं कि आपकी लड़की एक नौजवान से प्रेम करती है। आप इस बात का क्या मतलब लगाते हैं? आपको यह बात बुरी लगेगी या नहीं?''

''क्यों नहीं लगेगी साहब, मेरी लड़की एक अच्छे खानदान की लड़की है। उसको शादी से पहले मुहब्बत करने की गुंजाइश कहां रहती है? क्या वह मुझ पर इतना भरोसा नहीं करती कि मैं उसका हाथ किसी अच्छे इज़्ज़तदार, शरीफ खानदान के लड़के के हाथ में दूंगा, जहां वह अपनी बाकी ज़िन्दगी को आराम से गुजार सकेगी? क्या मैं यह मानने को तैयार हो जाऊं कि मेरी लड़की बहुत सेक्सी हो गई है और वह मेरे इस काम के लिए इन्तज़ार नहीं कर सकती और पहले से ही अपने लिए अपना साथी चुन लेना चाहती है? देखिए, मैं इसको इस लाइट में लेता हूं।'' हरबंसलाल ने कहते हुए एक लम्बा सांस छोड़ा।

डॉक्टर ने कहा, ''तो फिर आप मुझसे क्यों जानना चाहते हैं, असली कारण मैं आपको क्यों बताऊं? लेकिन मैं एक बात आपसे पूछना चाहता हूं हरबंसलालजी कि आप जिसे खानदान की इज़्ज़त कहते हैं, वह है क्या? मुझे आप ईमानदारी से यह बता दीजिए कि आज के जमाने में अपने लिए कोई लड़की खुद लड़का चुन लेती है, तो क्या वह बहुत बड़ा गुनाह है? मैं समझता हूं कि इस दुनिया की तरक्की में आप अपने-आपको पीछे नहीं रखना चाहते। यह वह ज़माना तो नहीं है कि लड़की नौ-दस साल की उम्र में ब्याह दी जाती थी। कायदे से तो आपको उसी उम्र में शादी कर देनी चाहिए थी,

ताकि लड़की में कुछ सोचने का दिमाग ही पैदा न होता। आप जिधर हांक देते उधर हंक जाती। एक तरफ तो आप उसको सोचने का हक देना चाहते हैं, दूसरी तरफ आप उसे सोचने नहीं देना चाहते। क्या आप नहीं समझते कि सारा प्रेम आखिर ठोस बुनियाद पर खड़ा होता है? लड़की हमेशा यह क्यों सोचती है कि उसे ज़िन्दगी में एक लड़का मिले, और लड़का हमेशा यह क्यों सोचता है कि उसको सहारे के लिए एक औरत मिले। आप देखिए कि कितनी बड़ी मजबूरी है और खास तौर पर आदमी के लिए। सहारा चाहता है वह औरत का जो खुद उसके कन्धे पर अपना बोझ डालकर ज़िन्दगी-भर रहती है और लड़की सहारा बनाती है आदमी को, जो ज़िन्दगी-भर उस पर हुकूमत करता है।''

हरबंसलाल ने कहा, ''डॉक्टर साहब, आप कैसी बातें कर रहे हैं। इतनी फुरसत किसे है जो इन सब बातों को सोचे। दुनिया में जैसा होता है मैं तो उसे ही मान लेता हूं। लोग पहले बचपन में शादियां करते थे। ठीक है तब ज़माना ऐसा था, तब ऐसा ही हो जाता था। अब ज़माने में ऐसा रिवाज़ है कि लड़की को पढ़ाओ। ठीक है पढ़ाओं, ज़माने में जैसा होता है वैसा ही होना चाहिए। ज़माना हज़ारों-लाखों आदमियों से मिलकर बनता है। उसे अकेला आदमी तो नहीं हटा सकता। उसके हिसाब से काम करने में नुकसान ही क्या है।''

डॉक्टर ने कहा, ''इसलिए कि हर इंसान एक-सा नहीं होता। हर एक की अपनी मजबूरियां होती हैं, हर एक का अपना सोचने का तरीका होता है। बहुत मुमकिन है कि एक लड़की है, जो एक क्लर्क के साथ ज़िन्दगी गुज़ार देने में एतराज नहीं मानती। आखिर होती भी तो हैं ऐसी औरतें, जो रेलवे के बाबुओं के साथ छोटे से छोटे क्वार्टर में रास्ते से दूर के स्टेशन पर ज़िन्दगी गुज़ार देती हैं, जहां कोई सोसायटी नहीं होती, कोई कम्पनी नहीं होती। लेकिन कुछ ऐसी होती हैं जिन्हें और चीज़ों के मुकाबले कम्पनी चाहिए, अपनी शो चाहिए, दो-तीन आदमी ऐसे चाहिए, जिनके साथ बातचीत हो सके। इन सभी चीज़ों को ध्यान में रखना पड़ता है और हम आम तौर पर यह करते हैं कि सिर्फ लड़के की तनख्वाह देख लेते हैं, यह देख लेते हैं कि उसके रिश्तेदार कितने हैं, कैसे हैं। यह अभी तक नहीं हो सका है कि लड़के और लड़की का स्वभाव भी मिले। इसलिए मैं समझता हूं कि यह जो माडर्निज्म यानी कि आधुनिकता के उदाहरण हमारे सामने हैं, यह उस पुराने टाइप की शादी से भी ज़्यादा खतरनाक हैं। आपका क्या ख्याल है?''

हरबंसलाल ने कहा, ''मेरा तो इस मामले में कोई ख्याल नहीं है, मैं तो यह समझता हूं कि शादी हो लड़की की, तभी उसमें समझ आ जानी चाहिए।''

''किस चीज़ की समझ,'' डॉक्टर ने कहा, ''अपना पति चुनने की या घर संभाल लेने की?''

हरबंसलाल ने कहा, ''घर संभालने की और यही शादी का मतलब समझा जाए। रहा यह प्रेम, सो यह तो संग-साथ रहने से हो जाता है। हमारे ज़माने में बड़ी स्वतंत्रता थी, प्रेम के बड़े विचार उठा करते थे। हमने भी बड़े-बड़े अंग्रेज़ी के लेखक पढ़े हैं, लेकिन हमारे वालिद ने जिससे हमारी शादी कर दी आज तक उससे निभ रही है। मैं समझता

हूं कि जब मुझे उनसे शिकायत करने की गुंजाइश नहीं रही, उन्हें भी मुझसे नहीं है। समाज में रहते हैं तो समाज जैसा ही काम करना पड़ता है। आजकल के ज़माने में लोग अन्तर्जातीय विवाह करते हैं लेकिन परिणाम उसके अच्छे नहीं निकलते, क्योंकि बिरादरी तो साथ देती नहीं और प्रेम के अतिरिक्त समाज में हारी-बीमारी, जन्म-मौत, रहन-सहन इन सबमें बिरादरी की ज़रूरत हुआ करती है। मैं ठोस बुनियाद पर सोचने वाला आदमी हूं डॉक्टर साहब!''

डॉक्टर ने कहा, ''यही तो बात है। जब बुनियाद ठोस हो, लेकिन उसका पाला पड़ जाए किसी ऐसे से जो हवाई बातें करे और अपनी हवाई बातों को ठीक जैसा सोचे-समझे, तो फिर क्या हो, इसका हल कहां! शादी हो जाती है, लड़कियों के बच्चे हो जाते हैं। मन मारकर अपने मन को दूसरी तरफ लगाना पड़ता है, क्योंकि मरना तो बहुत कठिन होता है हरबंसलालजी। लेकिन सवाल यह है कि उसमें खुशी मिलती है कि नहीं, और अगर नहीं मिलती तो बहुत-से लोगों की बोली बन्द हो जाती है, वे गाने लगते हैं। किसी में किसी दूसरी तरह की एब्नार्मेलिटी आ जाती है।''

हरबंसलाल ने कहा, ''तो क्या आपका कहने का मतलब यह है कि मेरी लड़की सचमुच किसी के प्रेम में पड़ गई है और उसी के पागलपन का भूत उस पर सवार था?'' यह कहते-कहते हरबंसलाल के चेहरे पर एक स्याही-सी छा गई जैसे वह अपने को बहुत अपमानित-सा महसूस कर रहा था। डॉक्टर की बात उसके मन को कचोट रही थी। उसे आश्चर्य हो रहा था कि कैसे उसकी लड़की उसी की आंखों में धूल झोंकने में लग गई और वह भी कौन है जिसके प्रति उसे इतना आकर्षण हुआ। उसने कहा, ''तो आप मुझे बता सकते हैं कि वह कौन आदमी है? जब आपने इतना पता लगा लिया तो उसका भी पता लगा लिया होगा।''

डॉक्टर ने कहा, ''वह आप जानने की कोशिश मत कीजिए, क्योंकि वह आपकी जाति का नहीं है।''

''कौन जात है, अछूत है?'' हरबंसलाल ने कहा। उसके स्वर में तिक्त व्यंग्य था। उसने फिर कहा, ''नया ज़माना है, इसमें जो न हो जाए वह थोड़ा है। जब लड़की प्रेम ही कर रही है और घरवालों को बेवकूफ भी बना सकती है, तो कौन जाने वह किससे प्रेम कर सकती है।''

''जी नहीं,'' डॉक्टर ने फीके स्वर में कहा, ''लड़का अछूत नहीं है। लड़के के लिए आप अछूत हैं। आपकी बेटी उस लड़के के सामने एक अछूत की बेटी है। लड़का ब्राह्मण है। और आप कायस्थ हैं।''

हरबंसलाल का मुख क्रोध से तमतमा उठा। उसका व्यंग्य लौटकर उसी पर बजने लगा था। डॉक्टर ने फिर कहा, ''आप जो जाति का इतना गर्व करते हैं, यह मत भूलिए कि आप जिस देश में रहते हैं उसमें दर्जे बने हुए हैं। मैं आपको एक बात बता दूं कि हिन्दुस्तान में इतनी ऊंच-नीच होते हुए भी हर जाति का आदमी अपनी जाति को दूसरी जाति से कम नहीं समझता। आप एक धोबिन से ब्याह नहीं कर सकते, भले ही आप

कायस्थ हों। आपको भंगी भी अपनी लड़की देने को तैयार नहीं होगा, इसलिए कि उसकी भी एक सामाजिक मर्यादा है। आपकी लड़की वह शायद तोड़ना चाहती है। इसलिए चक्कर पैदा होता है वरना कायस्थ भी अपने-आपमें ब्राह्मण से, किसी से कम नहीं। दूसरे की थाली में जो हाथ डालेगा, उसे जूठन ही मिल सकती है और जो अपनी थाली में खाता रहेगा उसके सामने जूठन का सवाल पैदा ही नहीं होता। यह देश की सबसे बड़ी विचित्रता है कि यहां ऊंच-नीच के सैंकड़ों बंधन होते हुए भी ऊंच को यह भी अधिकार नहीं है कि वह नीच के समाज में हस्तक्षेप कर सके। बताइए, मैं गलत कहता हूं? ऐसा मुल्क आपने कहीं और देखा है?''

हरबंसलाल ने सिगरेट बुझा दी और सिर नीचा करके सोचने लगा।

''वह लड़का कौन है डॉक्टर साहब?''

''वह मैं अभी नहीं जान पाया हूं, लेकिन उसका मैं पता लगा लूंगा। ऐसी अवस्था में कभी-कभी मैं यह सोचता हूं, कि उसका पता लगाने से भी क्या फायदा! आप तो दुनियादार आदमी हैं। लड़का तो आपने तय कर ही लिया है!''

''जी हां, मैं उसकी शादी करने का इन्तज़ाम कर रहा हूं। मार्च में शादी तय की है।''

''ठीक है,'' डॉक्टर ने कहा, ''लड़की तो बोलने लग गई है और तीन-चार दिन में वह घरवालों से भी बोलने लग जाएगी। आप उसकी शादी कर दीजिए, पराये घर चली जाएगी। आगे उसे सदमा लगता है या वह अपने-आपको नई ज़िन्दगी के साथ एडजस्ट कर लेती है, वह सब होता रहेगा, आपकी ज़िम्मेदारियां तो खत्म हो जाएंगी। यह कौन देखता है हरबंसलालजी, कि लड़की का आगे क्या होता है। आपकी ज़िम्मेदारी इतनी ही है कि आपने उसे पढ़ा दिया, लिखा दिया और उसकी शादी कर दी। एक मशीन की सी ज़िन्दगी रहती है लड़की के सम्बन्ध में। उसके बाद पागल हो जाए बला से, उसका पति समझेगा, आप क्यों फिकर करें। क्या करेंगे आप यह जानकर कि वह लड़का कौन है, किसका बेटा है, क्या कमाता है? हां, अगर आप यह चाहते हों कि लड़की की खुशी में मेरी खुशी है, उसकी शादी मैं उसकी मर्ज़ी के हिसाब से करूंगा, तो मैं कोशिश भी करूं उस लड़के का पता लगाने की, वरना जिस गांव जाना नहीं उस गांव का नाम पूछने से क्या फायदा?''

हरबंसलाल ने कहा, ''डॉक्टर साहब, आप ऐसी बात करते हैं! जो नुस्खा आप मुझे बता रहे हैं मैं क्या उस हैसियत का आदमी हूं जो उसे झेल जाऊं? जो पच्चीस-तीस लाख रुपया होता मेरे पास, तो मैं बिरादरी को साली को ठोकर मार देता। कोई काम मेरा अटकता ही नहीं, पैसे के बल पर काम होता। अब मुझमें इतनी ताकत कहां है कि मैं बिरादरी से टक्कर झेल लूं। ये जितने भी मॉडर्न-वॉडर्न चक्कर हैं, ये सब मुंहजबानी ही बातें हैं डॉक्टर साहब! सब दूसरों के लिए नुस्खे देते हैं, अपने ऊपर इसका कोई इस्तेमाल नहीं करना चाहता। आप बताइए यह काहे का मॉडर्निज्म[1] है! ठोस सचाई यह है कि

1. आधुनिकतावाद

लड़का इतना पढ़ा हो, इतना कमाता हो, तो इतना दहेज दो। आप कहेंगे, दहेज क्यों देते हो, मत दो! लेकिन लड़की का हमको भविष्य देखना है। कल को यह नहीं कहेगी कि ऐसे खानदान में ढकेल दिया!

आगे चलकर प्रेम नहीं देखा जाता। लड़की तो यह देखती है कि मैं कैसे घर में रहती हूं, मुझको कैसा खाने को मिलता है, कैसा कपड़ा मिलता है। पैसे की तंगी में बड़े-बड़े प्रेम रफूचक्कर हो जाते हैं। प्रेम तो तभी सबसे अच्छा होता है जब खुद कमाना नहीं पड़ता और दोनों वक्त खाने को मिल जाता है। कविता की किताबें पढ़ने को मिल जाती हैं। मैंने तो आज तक दुनिया में वह रियल लव, जिसे असली प्रेम कहते हैं, कहीं देखा नहीं। किस्से-कहानियां मैं ज़रूर पढ़ता रहा हूं, हालांकि जैसे तब पढ़ता था अब भी पढ़ता हूं। पता नहीं इन कहानी लिखने वालों को इतना प्रेम कहां से मिल जाता है! दुनिया में होता नहीं! रेलों में ये दिखाते हैं कि वह इधर से आया और वह उधर से आई, आंखें चार हुईं, दिल मिल गए। लेकिन हमने तो हमेशा रेलों पर जाकर यह देखा कि रेलें भीड़ से खचाखच भरी हुई हैं, सामान रखने को जगह नहीं है। बक्से पर बैठे-बैठे रात गुज़रती है। वह कल्पनाओं के प्रेमी और कल्पना की प्रिया हमने तो आज तक दुनिया में कहीं देखी नहीं है, यों किताबों में लिखी ज़रूर मिलती है और खास तौर पर माया, मनोहर कहानियां। इनको देखकर तो ऐसा लगता है कि दुनिया में इश्क ही इश्क है और कुछ है ही नहीं। दुनिया-भर की एब्नॉर्मेलिटीज़[1] सेक्स की वजह से पैदा हो गई बताई जाती हैं, मैं तो जहां तक समझता हूं, ये रोटी की वजह से पैदा हुई हैं।"

"सेक्स की वजह से नहीं होती हैं?" डॉक्टर ने पूछा।

हरबंसलाल ने सोचते हुए कहा, "होती हैं डॉक्टर साहब, लेकिन वह कम में होती हैं। कोई आदमी मान लीजिए कुरूप हो जाए, किसी कारण से उसकी टांग टूट जाए या कोई ऐसा ही कारण हो जाए तो उसमें एक तरह की कम्प्लैक्सिटी[2] हो जाती है। फिर वह यही सपना देखता है कि दुनिया-भर की औरतें उस पर आशिक हुई चली जा रही हैं। इसी तरह की संस्कृत में एक बहुत पुरानी कहावत है। वह पूरी तो मुझे याद नहीं है, लेकिन उसका भावार्थ यह है कि बदशकल औरत ज़ोक है वह बहुत नाजो-नखरे दिखाया करती है। निहायत फुरसत की चीज़ें हैं ये प्रेम-व्रेम। दुनिया मरी जा रही है, खाने को नहीं मिलता और आप डॉक्टर साहब, सलाह देते हैं, इन्टरकास्ट मैरेज[3] करो लड़की की। आज कर दूं, कल लड़का कुछ कमा नहीं पाया, तो लड़की तो यही कहेगी कि मैं तो नासमझ थी, मुझे क्या मालूम था, इतना अच्छा इंजीनियर छोड़कर मेरे पिताजी ने मुझे कुएं में पटक दिया। सोचकर बात कीजिए, यह हिन्दुस्तान है डॉक्टर साहब, विलायत नहीं है। विलायत में क्या होता है, कौन जानता है, असलियत क्या है! इतना ज़रूर मैंने सुना था कि अमेरिका में शादी से पहले मेल-मुलाकात की इज़ाज़त मिल जाती है। नाजायज़ बच्चे भी बहुत पैदा होते हैं। यह प्रेम जो है अगर इसके साथ सेक्स नहीं होता और सेक्स के साथ अगर बच्चे नहीं होते डॉक्टर साहब, तो कितना अच्छा रहता! सबसे बड़ी मुसीबत

---

1. असाधारणताएं, 2. हीन भावना, 3. अंतर्जातीय विवाह,

होते है ये बच्चे। ये ऐसे ही नहीं पलते, इन पर तो होल टाइम जॉब[1] होता है। इनके खाने-पीने की ज़िम्मेदारी और इनकी पढ़ाई-लिखाई, इनके सामाजिक दायरे! खाली इश्क की बातों से यह काम नहीं हो जाता है। बच्चे की नाक बह रही है, उसको जुकाम हो रहा है, पेट में दर्द है और ऐसे मौकों पर ही बिरादरी के लोग काम आया करते हैं, तू यह काम कर, तू वह काम कर! कोई सहारा न हो, कोई बात करने वाला न हो, लोग दिल्लगियां उड़ाएं।'' हरबंसलाल ने सिर हिलाकर कहा, ''डॉक्टर साहब! नो, नो, प्रैक्टिकल लाइफ[2] में यह नहीं चलता, मैं तो देख रहा हूं, दिन पर दिन लड़कियां एम. ए. कर लेती हैं, लड़कियां स्कूल-कॉलेजों में पढ़ाती हैं, लेकिन शादियां नहीं कर पातीं। क्यों नहीं कर पातीं, क्योंकि जाति का लड़का नहीं मिल पाता है। आप कहेंगे कि साहब, यह तो पढ़ी-लिखी लड़की है, यह क्यों नहीं अपनी जाति के अलावा किसी लड़के से शादी कर लेती हैं? इज़्ज़त चली जाती है, सिक्योरिटी[3] चली जाती है लाइफ की। मैं तो इस चीज़ के लिए तैयार नहीं हूं। हां, अगर यह सवाल हो कि लड़की ठीक नहीं हो सकती, लड़की की शादी की जाएगी तो दुबारा यह पागल हो जाएगी, तो डॉक्टर साहब मेरे एक बाप का दिल है, मैं सारी दुनिया से टक्कर लेने के लिए तैयार हो जाऊंगा, लेकिन अपनी प्यार से पाली हुई लड़की को दुखी नहीं होने दूंगा। भले ही इसका सुख मुझे तबाह कर दे।'' हरबंसलाल के मुख पर एक विचित्र प्रकार का आवेश था। उसमें ममता भी थी और ग्लानि भी, घुटन भी और विद्रोह भी। मानो वह समझ नहीं पा रहा था कि वह किस प्रकार अपने भीतर घुमड़ते हुए तूफान को इकट्ठा करके आंखों के रास्ते से निकाल दे।

डॉक्टर ने उसके उस विक्षोभ को समझा। उसकी उस मजबूरी को समझा जिसमें उसने लड़की को बड़े सपनों के साथ पढ़ाया-लिखाया था, लेकिन लड़की ने जैसे एक प्रकार से विश्वासघात कर दिया था, लेकिन उस विश्वासघात में भी कमाल यह था कि जब लड़की की ज़िन्दगी का सवाल आता था तो बाप का दिल अपने-आपको झुकाने के लिए तैयार था ताकि उसकी लाड़ली बेटी पर आंच न आए।

डॉक्टर ने कहा, ''हम जिस समाज में रहते हैं वहां असल में अकेले होते हैं। इस दुनिया में हम किन्हीं लोगों के बीच में जन्म लेते हैं और फिर जन्म देनेवाले माता-पिता के सम्बन्धों के द्वारा हमारे रिश्ते-नातेदार बढ़ते चले जाते हैं। यहां तक कि हम एक बिरादरी के सदस्य बनते हैं फिर भाषा और संस्कृति के आधार पर एक प्रान्त के व्यक्ति बनते हैं और फिर एक देश के और फिर एक संसार के और फिर ब्रह्मांड के। अगर कोई व्यक्ति हमको इस गैलैक्सी की बजाय दूसरी गैलैक्सी से पत्र भेजे तो वह लिखेगा—अमुक गैलैक्सी में केन्द्र से हटकर सुदूर की बस्ती में बसे एक सूर्य के पृथ्वी ग्रह में अमुक महाद्वीप पर अमुक देश के अमुक प्रान्त में अमुक नगर या ग्राम में यह पत्र अमुक व्यक्ति को मिले और उस अमुक व्यक्ति का एक पिता होता है या पुत्र जिसके साथ उसी प्रकार के अन्य सम्बन्ध हैं।''

---

1. दिनभर का धंधा, 2. यथार्थ जीवन, 3. सुरक्षा

हरबंसलाल ने टोककर कहा, ''डॉक्टर, यह सब सच है, लेकिन इतनी बड़ी कल्पना की हमें ज़रूरत नहीं पड़ती।''

डॉक्टर ने कहा, ''लेकिन वह दिन आ रहा है।''

''जब दिन आएगा,'' हरबंसलाल ने कहा, ''वह अपने साथ ही एक दूसरा दिमाग लाएगा और उसके लिए वह सब एक मामूली बात हो जाएगी। डॉक्टर साहब, हमारे पुरखे जब सरसों के तेल के दीपक जलाकर रहा करते थे, तब वे लोग इस ख्याल से परेशान नहीं हुआ करते थे कि जब बिजली आएगी तब क्या होगा। बिजली के देखते-देखते अब एटम की ताकत तैयार हो गई है लेकिन इंसान इंसान ही है। मैं ज़्यादा नहीं समझता, लेकिन इतना आपसे कह सकता हूं कि आदमी के लिए परेशानियां हमेशा रहती थीं और आज भी रहती हैं। जिस ज़माने में आदमी को लगी-बंधी आमदनियां मिलती थीं, ज़मीन-जायदाद होती थी, तब उस वक्त उसकी दूसरी समस्याएं थी, आज हम लोगों की दूसरी तरह की परेशानियां हैं। परेशान होना इन्सान का काम है, क्योंकि सबसे बड़ी मुसीबत यह है कि इंसान को अपने-आप कोई काम नहीं है।''

''यही मैं कह रहा था,'' डॉक्टर ने कहा, ''कि इंसान अपने-आपमें अकेला है और जैसे-जैसे वह बड़ा होता जाता है, वे लोग उससे दूर होते चले जाते हैं जिनके बीच में वह जन्म लेता है और फिर नई पीढ़ी उसके सामने आ जाती है जिसके साथ उसे रहना पड़ता है। फिर वह धीरे-धीरे बड़ा हो जाता है। लेकिन इंसान यह महसूस नहीं करता कि वह किस तरह अपनी इस यात्रा में साथियों को बदलता रहता है। ज़िन्दगी शुरू कहीं और से होती है, खत्म कहीं और होती है। स्वागत करने वाले हाथ दूसरे होते हैं और कफन उठाने वाले हाथ कोई और होते हैं। हम अतीत से प्रेरणा लेते हैं, वर्तमान में जीवित रहते हैं, लेकिन हमारी जीवित रहने की इच्छा उन अनदेखों में होती है जो हमारे बाद आने वाले होते हैं, क्योंकि हमारे हर काम की परख आने वाली पीढ़ियां करती हैं। यह कैसी विचित्र बात है हरबंसलालजी! दुनिया के जितने धन्धे हैं वे सब अपना पेट भरने के बहाने के लिए होते हैं, लेकिन उन सबका भविष्य कल पर निर्भर होता है। वह कल, जो अभी देखा नहीं गया है; वह कल, जिसके रहने वालों से जान-पहचान नहीं है। वह कल, जिसकी वे परख करते हैं। ये आज हमारे छोटे-छोटे बच्चे दिखाई देते हैं, जिनमें समझ नहीं होती। हम समझते हैं कि हम उनका निर्माण कर रहे हैं लेकिन सचाई यह है कि जिनको हम बनाते हैं वही हम लोगों का लेखा-जोखा करते हैं, वही असली जज हैं, न्यायाधीश, जो हमारे कामों पर फतवा देते हैं। इसलिए हमें जो कुछ करना है इन कल वालों की खुशी के लिए करना है।''

हरबंसलाल ने कहा, ''ठीक है, लेकिन सवाल यह है कि कल की परख किस बात पर हो, क्या हम आज में से कल को अलग रख सकते हैं डॉक्टर? मैं ऐसा नहीं समझता।''

इसी समय दीनानाथजी ने प्रवेश किया। उसको देखकर दोनों का ध्यान बंटा। जब दीनानाथ बैठ गया उसने कहा, ''मालूम देता है मैंने आकर आप लोगों के काम में कुछ बाधा डाली है।''

''नहीं'', डॉक्टर ने कहा, ''ऐसे ही हम लोग बातचीत कर रहे थे। सवाल यह चल रहा था, कौन-सा तरीका है जिससे हम अपनी परेशानियों को कम कर सकें। हर पीढ़ी अपनी पुराने वाली पीढ़ी के साथ रहकर एक मान्यता बना लेती है और नई आने वाली पीढ़ी जब उससे कुछ ज़रा ज़्यादा मानती है और आपस में एडजस्टमेंट करने का प्रयत्न करती है, तो कुछ नई परेशानी खड़ी होती है। यह हमेशा से होता चला आ रहा है।''

डॉक्टर की बात को काटकर दीनानाथ ने कहा, ''और होता चला जाएगा इसलिए डॉक्टर साहब, कि हर पीढ़ी किन्हीं खास परिस्थितियों में अपनी मान्यताएं बनाती है और परिस्थिति बदल जाने के साथ दिमाग उतनी जल्दी नहीं बदलता, क्योंकि वह संस्कार की परम्पराओं में बंधा रहता है।''

''आप इस बात को मानते हैं?'' डॉक्टर ने कहा।

''पहले नहीं मानता था,'' दीनानाथ ने कहा, ''लेकिन अब मानने को मजबूर हूं।''

हरबंसलाल अपनी कुर्सी पर बेचैन-सा दिखाई दिया। वह नहीं चाहता था कि उसकी लड़की के बारे में कुछ चर्चा की जाए। उसे डर था कि बात घूम-फिरकर वहीं आ जाएगी लेकिन डॉक्टर ने उसकी ओर देखकर कहा, ''हरबंसलालजी, हर आदमी के पास परेशानियां होती हैं। दीनानाथजी, आप क्या समझते हैं कि किसी खास हालत में किसी इंसान की परेशानी उसे कम नज़र आ सकती है?''

दीनानाथ ने कहा, ''मैं आपसे बिलकुल सहमत हूं। इंसान अपनी हजामत नहीं बनाता, दुनिया में इस बात पर कोई ध्यान देने वाला नहीं है। उसको बड़ा अजीब-सा लगता है, बेचैनी-सी महसूस होती है, यहां तक कि जब तक वह हजामत नहीं बना लेता, वह यह समझता है कि उसका काम ठीक नहीं चल रहा है। और कुछ समय के साथ चलना पड़ता है, समाज के साथ चलना पड़ता है लेकिन समाज के साथ-साथ हम हमेशा यही कोशिश किया करते हैं कि अपने मन को संतुष्ट करने की ओर ध्यान दिया करें और मन का संतोष कुछ बाहरी परिस्थितियों पर निर्भर होता है, कुछ भीतरी पर। समाज में रहकर हमको बैठते समय घुटने ज़रूर मोड़ने पड़ते हैं डॉक्टर साहब!''

डॉक्टर ने कहा, ''लेकिन हर आयु अपने लिए अलग रास्ता चुनती है। हो सकता है कि एक आयुवालों का काम दूसरी आयुवालों को ठीक नज़र न आए। पौधा ऊपर उठता है और ऊपर उठता चला जाता है। जब वह पेड़ बन जाता है तो वह जटाएं लटकाकर धरती को पकड़ने की कोशिश करता है। उसमें गुल आते हैं जिसे बहुत-से पक्षी इधर-उधर से आकर खा जाते हैं। समाज में रहकर हमारे परिश्रम का लाभ कौन उठा जाता है, यह हम नहीं जान पाते हैं। लेकिन एक वक्त आने पर हमें मजबूर होकर फल देने पड़ते हैं क्योंकि फल देना हमारी सहज प्रवृत्ति है और उसे चाहें तो भी हम झुठला नहीं सकते और यदि हम यह कोशिश करें कि हम ऐसा नहीं करेंगे, हम अपने परिश्रम का फल नहीं छोड़ेंगे तो हम न सामाजिक मर्यादा पाते हैं न अपना आत्मसन्तोष। तब एक सुलगन-सी महसूस होती है। इंसान फल और पत्ते देने के लिए पतझर के पेड़ों की तरह अपने-आपको नंगा भी करता है, फिर हरा होने के लिए, फिर फल देने के लिए। एक वह वक्त आता

है जब जीवन के कठोर परिश्रम में उसकी गुंजान बनी रहने वाली रंगीनी झर जाती है और फिर भी उसको असन्तोष नहीं होता; और भी तेज़ी से वह धरती में से अपना रस खींचता रहता है। यही गृहस्थी है और उसके बाद फल ऐसे लगते हैं जो किसी दूसरे के खाने के काम आते हैं। पेड़ तो यह नहीं चाहता कि अपना स्वतः अधिकार रखे, तब मनुष्य क्यों चाहता है कि उसके स्थान पर उसका एकत्व अधिकार हो। बच्चे हमारे ज़रिये ही आते हैं। बच्चों के असली मालिक हम नहीं हैं। वे तो जैसे एक सामान हैं। उसको सजा-धजाकर हम तैयार करते हैं, लेकिन वह तैयार होकर जब बाज़ार में जाता है, उसकी कीमत लगती है, उसकी कीमत को हम खा जाना चाहते हैं।''

दीनानाथ ने कहा, ''ठीक कहते हैं डॉक्टर साहब, जानवरों में ऐसा ही होता है कि वहां हर व्यक्ति स्वतन्त्र होता है। जब वह चलने लायक हो जाता है, अपना पेट खुद भर सकता है तब उसे कोई सम्बन्ध नहीं रोकता। लेकिन मनुष्य में सन्तान का मोह होता है और एक-दूसरे पर निर्भर रहने की कामना की जाती है। इसके पीछे कितनी सदियों का अनुभव है, जिसे आज हम भुला नहीं पा रहे हैं। पश्चिम की नैतिकता हमको अलग करने की चेष्टा कर रही है, किन्तु हमारा संयुक्त परिवार अपने इतने गहरे संस्कार छोड़ गया है कि हम उसको छोड़ नहीं पाते। संयुक्त परिवार की जड़ें ही हमें बिरादरी से बांधती हैं।''

डॉक्टर ने कहा, ''ठीक है, लेकिन यह चीज़ टूट रही है दीनानाथजी! आज आपका लड़का आपके काबू में नहीं। शायद आप भी अपने बाप के काबू में नहीं थे। क्योंकि आपने अपने बाप के दिल को पूरी तरह परखा नहीं था और वे माफ करना जानते थे और हम लोगों की पीढ़ी इतनी असहिष्णु है कि हम लोग माफ करना नहीं जानते, क्योंकि हम लोगों ने लेना सीखा है देना नहीं सीखा। इसलिए कि संस्कृति जब तक अपने-आपमें हीनता का अनुभव नहीं करती तब तक उसमें एक आंतरिक सामर्थ्य होती है और जब उस पर कोई दूसरी चीज़ लादी जाती है तब उसका संतुलन बिगड़ जाता है और हम सब कुछ को अपनी नज़र से देखने लगते हैं। आपका बेटा जो दुनिया को दूसरी नज़र से देखता है, मैं समझता हूं, आप उस नजर से नहीं देखते। शायद बहुत पुराने ज़माने में लोग इस बात को समझते थे। वे दुनिया में रहकर भी यह समझते थे कि दुनिया तो बदलने वाली चीज़ है, इसलिए उसमें ज़्यादा चक्कर में नहीं पड़ना चाहिए। एक उम्र तक इंसान को पढ़-लिख लेना चाहिए, और जब वह तैयार हो जाए तब उसको घर बसाकर रहना चाहिए, क्योंकि घर बसाना ज़रूरी है, वरना दुनिया कैसे चलेगी। उसके बाद गृहस्थ बनकर दुनियादारी के सब काम करने चाहिए। जब उम्र हो जाए तब सब कुछ छोड़-छाड़कर जंगल में चला जाना चाहिए। थोड़ा-बहुत खाना चाहिए ताकि बुढ़ापे में बीमारियां न हों। तब बुढ़ापा इतना भार नहीं था, यानी उस तरह की ज़िन्दगी में परेशानियां नहीं थीं। आज की तरह नहीं थे कि बूढ़े हो गए हैं, चटपटी चीज़ें खाए जा रहे हैं, खुद बीमार पड़ रहे हैं, घरवालों को परेशान करते चले जा रहे हैं और अपने दकियानूसी विचारों से हर चीज़ का विरोध करते चले जा रहे हैं। नयापन क्या है?'' डॉक्टर का स्वर उठ गया, ''नयापन

कुछ नहीं होता, नयापन नयी परिस्थितियों से पैदा होने वाला चिन्तन है। एक-सी ज़िन्दगी से आदमी ऊब जाता है। आप अपने सामने ही देख लीजिए। आप अपनी जवानी में जैसा पतलून पहनते थे वैसा अब नहीं पहनते। धोती आज से पचास साल पहले जैसे बांधी जाती थी अब नहीं बांधी जाती। हमारी टोपियां बदल जाती हैं, हमारी मूंछों का कट बदल जाता है। शायद हम लोग महसूस नहीं करते कि हमारा खान-पान भी निरन्तर बदलता रहता है। ये सब चीज़ें इतने धीरे-धीरे होती हैं कि इनका पता नहीं चलता। लेकिन जब शादी का सवाल आता है और उसमें हमें नयापन नज़र आता है तो हमारे कान खड़े हो जाते हैं। मान लीजिए दीनानाथ जी, आपका लड़का किसी ऐसी लड़की से प्रेम करे जो आपकी जाति की न हो तो आप क्या करेंगे?''

दीनानाथ ने कुछ सोचते हुए कहा, ''क्या करूंगा, पहले समझाऊंगा कि भाई ऐसा मत करो, नहीं मानेगा तो कह दूंगा कि भाई जैसी तुम्हारी तबीयत आवे वैसा करो। अगर मुझमें सामर्थ्य होगी कि बिरादरी से टक्कर झेल सकूं तो लड़के को नहीं छोड़ूंगा, लेकिन अगर मैं देखता हूं कि मेरे घर में और भी बच्चे हैं, उसकी वजह से उनकी ज़िन्दगी पर असर पड़ सकता है, मेरी लड़कियों की शादी नहीं होती, तो उसे मैं ज़रूर ही अलग कर दूंगा क्योंकि एक के लिए सबकी बलि तो नहीं दी जा सकती न, और मैं बदल जाऊंगा भले ही, लेकिन उसकी मां तो नहीं बदलेगी।''

''आपका कहने का मतलब यह है,'' डॉक्टर ने कहा, ''कि समाज में मर्द जल्दी बदलता है, औरत देर में बदलती है?''

''कायदे की बात है,'' दीनानाथ ने कहा, ''वह घर के बाहर रहता है, हज़ारों तरह की बातें सुनता है। स्त्री घर के भीतर रहती है, उसकी कुछ अपनी कल्पनाएं होती हैं, मर्यादाएं होती हैं, अपने हिसाब से वह घर को सजाती है, चलाती है, हर चीज़ में उसकी रुचि चलती है, वह जैसा चाहे खाना बनाती है, आदमी उसमें क्या कर सकता है! आदमी को अपनी रुचि ढालनी पड़ती है, क्योंकि वह निर्भर होता है।''

डॉक्टर ने कहा, ''और स्त्री को अपने पति की आमदनी के हिसाब से अपनी रुचि नहीं ढालनी पड़ती? आपका क्या ख्याल है?''

दीनानाथ ने दोनों हाथ फैलाकर कहा, ''यह तो एक-दूसरे पर निर्भर रहने का फल है। काम बंटा हुआ है और बंटे हुए काम में तो ऐसा ही होगा।''

डॉक्टर ने सिर हिलाकर कहा, ''तो मैं यह जानना चाहता हूं, आप दोनों से ही पूछूंगा, आप दोनों ऐसे ज़माने में पैदा हुए हैं जब इंसान आज़ादी के लिए लड़ रहा था, लेकिन हम लोगों ने कौन-सी आज़ादी हासिल की है? मैं आप लोगों को बताऊं कि यह आज़ादी का दौर बिलकुल स्वतन्त्र ही रहा है। हम लोग अपनी परम्पराएं नहीं तोड़ पाए। इतनी जो बातें, जो शहरों में चलती हैं, गांवों में आप जाकर देखें, तो यह सब कुछ नहीं है। परम्पराएं चलती हैं। वहां अगर नयापन आता है, तो ऐसे चुपचाप आता है कि उसका असर पता नहीं चलता, कब आया और कब हो गया। मैं तो यह कहूंगा कि वहां राजनीतिक परिवर्तन भी व्यक्तिगत स्वार्थ के अवसरवाद के रूप में प्रकट होते हैं; देश, जनता और

समाज के कल्याण के रूप में नहीं। इसलिए अच्छा यही है कि हम लोग जिस तरह से चलते आए हैं उसी तरह से चलते रहें, लेकिन अपने दिमाग को इतना खोल लें, ताकि बरबस अगर कोई परिवर्तन आ जाए तो उसको भी समझने की चेष्टा करें। मसलन दीनानाथजी! आपका लड़का एक अन्तर्जातीय विवाह कर लेता है। ठीक है, आपको मजबूरी में उसको अलग करना पड़ता है, लेकिन आप दिल में यह मत मानिए कि उसने कोई पाप किया है।''

दीनानाथ ने मुस्कराकर कहा, ''डॉक्टर साहब, मैं ज़्यादा तो नहीं समझता हूं, लेकिन हिन्दू होने के नाते यह ज़रूर मानता आया हूं कि अपने यहाँ धर्म, अर्थ, काम और मोक्ष नाम की चीज़ें मानी गई हैं। हमारी परम्परा तो यह रही है कि काम जो है उसको अर्थ और धर्म से अलग नहीं किया जा सकता क्योंकि जो कुछ होता है वह मोक्ष के लिए होता है। संस्कृत तो मैं ज़्यादा पढ़ा नहीं हूं कि आपसे बहस कर सकूं पर इतना ज़रूर है कि हम लोगों को यह बताया गया है कि हम सिर्फ इसी दुनिया में नहीं रहते। सम्बन्ध जो बनते हैं वे इस दुनिया के ज़रूर होते हैं, लेकिन क्योंकि वे होते हैं, इसलिए उनको भी मानना ही पड़ेगा, उनको झुठलाया नहीं जा सकता। ऐसी अवस्था मे समझ में नहीं आता कि कल्पना और असलियत इन दोनों का मेल कहां हो सकता है। आपने एक लड़का पाल-पोसकर तैयार किया है, किन्हीं उम्मीदों पर किया है। अब वह किसी दूसरी औरत के साथ बस जाता है और फिर उस लड़के से आपके सम्बन्ध टूट जाते हैं, तो दुःख होने की बात तो है ही। उसकी मां बड़ी कल्पनाएं करती है कि मेरी बहू आएगी, ऐसा होगा, वैसा होगा। और बहू ऐसी आती है कि आप फिर उसके बच्चे को छू भी नहीं सकते, या छूते हैं तो समाज उसमें अड़ंगे डालता है, तो उसमें दुःख होने की बात है कि नहीं? यों तो सब ठीक है, लड़का जवान हो गया, अपने पैरों पर खड़ा हो गया, आपसी सम्बन्ध कुछ नहीं होते, यह तो हम रास्ते में एक-दूसरे से मिल जाते हैं। असली आदमी वह है जिसने दुःख को जीत लिया है। ये योगियों की बातें हैं डॉक्टर साहब! हम जैसे मामूली आदमियों की बातें नहीं हैं। हम तो योग धारण करें और लड़का अपने प्रेम की खातिर हमको योगी बना दे तो प्रेम डॉक्टर साहब क्या है? वासना ही तो है। क्या वजह है कि जिन लोगों से पाला-पोसा, इतना बड़ा किया, उससे उसका मन इतना उचट जाए कि नई आई लड़की के लिए इतना कुछ करे कि वह लड़की सब कुछ हो जाए और हम कुछ न रहें। ऐसे आदमी का क्या भरोसा किया जा सकता है डॉक्टर साहब? अगर यह माना जाए कि प्रेम संसर्ग से होता है, मेल-मुलाकात से होता है, तो हमारी मेल-मुलाकात तो बहुत पुरानी होती है। मैं मानता हूं कि भाई-भाई अलग हो जाते हैं लेकिन वे भी तभी होते हैं कि वे अपने परिवार को अलग-अलग मानने लगते हैं, उनके अपने-अपने स्वार्थ अलग हो जाते हैं। नये-नये घरों की लड़कियां आती हैं, जिनका सम्बन्ध अपने पति-भर से होता है और किसी के सम्बन्ध वे अब नहीं मानना चाहती हैं, पहले माना करती थीं। खैर वह समय बदल गया है। अब क्या कहा जाए? जैसी शुरुआत हुई है, वैसा ही अन्त होता है। क्यों माने साहब, नई लड़की अपने लड़के के मां-बाप को! आखिर

वह भी तो अपने मां-बाप को छोड़कर आती है। मैं सोचता हूं डॉक्टर साहब! इस तर्क का यही परिणाम है और इसीलिए यह सब हो रहा है। एक स्त्री अपना घर छोड़कर आती है, अपने पति के लिए, तो उसका मतलब सीधा अपने पति से रह गया। बराबरी का ज़माना है, जैसे वह घर छोड़कर आती है वैसे ही लड़के को अपने मां-बाप छोड़ देने चाहिए, उसको वहां बने रहने का क्या अख्तियार है। आखिर पाल-पोसकर एक लड़की को मां-बाप भेजते हैं दूसरों के यहां, इसलिए कि वे उसे पाल नहीं सकते। मैं तो डॉक्टर साहब! इस नतीजे पर पहुंचा कि देखिए, जो जितना जब तक चल जाए सो ठीक है। नहीं चले तो न सही, क्योंकि जिन चीज़ों पर बस नहीं है, उन पर बहस करना बेकार है। आप बहस से न तो यह साबित कर सकते हैं कि परमात्मा है, और न यह साबित कर सकते हैं कि परमात्मा नहीं है। हम मान लेते हैं कि परिवर्तन है, तो परिवर्तन तो होगा ही। अब इतना परिवर्तन हो जितना हम चाहते हैं यह तो गैरमुमकिन बात है। होने वाली चीज़ होकर रहेगी। अब मेरा लड़का है, उसे दिखाई देना बन्द हो गया है। दिखता उसे सब है, लेकिन उसे वहम है कि उसका दिमाग खराब हो गया है। तो मैं अब क्या कर सकता हूं। आप कहेंगे कि उसे कोई सदमा है, ठीक है सदमा पहुंचा होगा, मैंने तो पहुंचाया नहीं। तुम्हारी अपनी हरकतों से पहुंचा होगा, तुम उसका रास्ता निकाल लो और अगर तू सचमुच किसी प्रेम में फंस गया है तो भइया, अपना प्रेम कर, हमारी-तेरी राम-राम! हम यही समझ लेंगे कि तू पैदा ही नहीं हुआ था। बात यह है कि हम ऐसे तर्क नहीं दे सकते कि हम ठीक हैं और दूसरे गलत हैं। हमारे पुरखों में एक बात थी कि वे अपनी बात को धर्म और दूसरे की बात को अधर्म माना करते थे। पुराने ज़माने में जब अपनी बिरादरी को छोड़कर आदमी किसी औरत के प्रेम में पड़ जाता था, उसे लोग जान से थोड़े ही मार दिया करते थे! बिरादरी से बाहर कर दिया करते थे। अब सवाल यह है कि लोग बिरादरी में रहते हैं, लेकिन बिरादरी के पूरे कानून को नहीं मानना चाहते, इसलिए परेशानी होती है। पुराने ज़माने में जिसने रखैल रखी उसके भी बच्चे होते थे। वह एक नई बिरादरी बन जाती थी। वैसी ही रखैलों की औलादें एक-दूसरे से आकर मिल जाती थीं। फिर वही एक जाति बन जाती थी। फिर उसके भी कानून बन जाते थे। आज एक सबसे बड़ी परेशानी यह है कि लोग जाति को नहीं मानते और जाति में रहना चाहते हैं।'' यह कहकर दीनानाथ हँस पड़ा।

डॉक्टर ने मुस्कराकर कहा, ''आपकी बात मुझे पसन्द आई। आप सारी परेशानी को ऐसे लेते हैं, जैसे कोई परेशानी न हो।''

''नहीं, नहीं, डॉक्टर साहब, ऐसा नहीं है, परेशानी मेरी पूरी है और मजबूरी का नाम आजकल क्या है यह आप जानते हैं, मैं उसको क्यों दोहराऊं! उसी का राज है हिन्दुस्तान पर।'' दीनानाथ के स्वर का व्यंग्य बिखर गया।

डॉक्टर ने हरबंसलाल के सामने फिर सिगरेट पेश की। हरबंसलाल के कहा, ''थैंक्स, अब मैं चलता हूं।''

डॉक्टर ने उससे कहा, ''आप घबराइए नहीं, देखिए क्या होता है। पेड़ की डाली

बढ़ती है, जड़ के अख़्तियार में थोड़े ही होता है कि वह किस दिशा में बढ़े। यही हमारी अजीब ज़िन्दगी है, लेकिन हर इंसान अपने नयेपन में, अपनी अनुभवहीनता में इतना भूला हुआ होता है कि उसी पुरानी चीज़ को नये तरीके से दोहराकर यह समझता है कि वह कुछ नया कर रहा है, लेकिन बहुत ही जल्दी उसे मालूम पड़ जाता है कि जिसे वह नया समझता है, वह वास्तव में नया नहीं है। पुराने का ही एक और स्वरूप है, जिसे किसी भी हालत में मौलिक नहीं कहा जा सकता।''

उस समय कमरे की नीरवता पहले से कहीं अधिक घनी हो गई थी और हरबंसलाल का मन पत्थर की तरह भारी हो चुका था।

12

जगन्नाथ कुर्सी पर बैठ गया।

डॉक्टर ने कहा, ''जगन्नाथ, आ गए?''

''आ गया, डॉक्टर साहब!''

''आज तुम्हारे साथ कौन आया है?''

''मेरे साथ डॉक्टर साहब, कोई नहीं आता। मैं अकेला आता हूं।''

''किस तरह आते हो तुम?''

''मैं बस पकड़ लेता हूं। अपने बापू नगर से यहां अजमेरी गेट पर उतर जाता हूं और वहां से कभी रिक्शे में आ जाता हूं, कभी पैदल आ जाता हूं।''

''लेकिन चौड़े रास्ते में तो बड़ी भीड़ रहती है न, तांगे, मोटर, साइकिल, तुम इनसे बच कैसे जाते हो?''

''मैं हट जाता हूं, गाड़ियां देखकर किनारे हट जाता हूं।''

''तो क्या तुमको कुछ दिखाई देता है?''

''डॉक्टर साहब, दिखाई तो मुझे कुछ नहीं देता।''

डॉक्टर हँसा, ''तुम पागल तो नहीं हो जगन्नाथ!''

''पागल! मैं पागल क्यों हूं! डॉक्टर साहब?''

''तो मैं यह जानना चाहता हूं तुमसे जगन्नाथ, कि जब तुमको सब कुछ दिखाई देता है, तब तुम यह क्यों कहते हो कि तुम्हें कुछ दिखाई नहीं देता! तुम एक पढ़े-लिखे आदमी हो, समझदार हो, तुम्हारे अन्दर कोई परेशानी नहीं है, लेकिन घरवालों को परेशान करने के लिए तुम यह मखौल बनाए हुए हो। क्या तुम्हारे व्यक्तित्व की कुंठा इतनी भयानक है कि तुम्हारा हृदय वज्र की तरह कठोर हो गया है? बुरा मत मानना जगन्नाथ, मैं तुमसे ही पूछता हूं कि क्या तुम्हें अपने ऊपर शर्म नहीं आती? तुम एक पढ़े-लिखे आदमी हो। तुम्हारा बाप तुम्हारी वजह से कितना ज़्यादा परेशान है, तुमने कभी इस पर सोचा है? सचाई यह है कि तुम कुछ कमाकर नहीं खा सकते, इसलिए तुमको सब कुछ दिखाई

देना बन्द हो गया है। क्योंकि पढ़े-लिखे आदमी हो, तुम्हारा फर्ज है कि कमाओ, घरवालों को खिलाओ। इतना ही नहीं, बजाय इसके कि तुम दूसरों का काम करो, तुम ऐसे कामचोर हो कि अपना पेट नहीं भर सकते। तुम्हें अपना पेट भरना भी नहीं आता। इसके लिए तुम इतना बड़ा ढोंग बनाए हुए हो कि तुम्हें दिखाई नहीं देता। बहुत शर्म की बात है। तुम चले जाओ! तुम जैसे आदमी को मैं देखना भी नहीं चाहता। मैंने इतने दिन तक इलाज करने की कोशिश की, लेकिन इलाज किसका करूं, तुम तो बिल्कुल ठीक हो। अब मैं किस मुंह से तुम्हारे बाप से फीस मांगूं? तुमने मेरा इतना वक्त ज़ाया किया, तुम पर मेरा कितना वक्त बिगड़ा है! मेरी समझ में नहीं आता कि हिन्दुस्तान का क्या होने वाला है! तुम जैसे पढ़े-लिखे आदमी! तुम जानते हो कि मैं तुमसे क्या कह रहा हूं? अगर तुम अपनी हया को नहीं खो चुके हो, तो तुम्हें यह बात ज़रूर जगाकर रहेगी। तो तुम्हें कुछ दिखाई दे रहा है?''

''दीख रहा है, डॉक्टर साहब!''

''क्या दीख रहा है?''

''मैं भूल गया था, डॉक्टर!''

''क्या भूल गए थे तुम?'' डॉक्टर ने कहा, ''तुम्हें प्रेम का नशा चढ़ गया था। तुम एक लड़की की ज़िम्मेदारी नहीं उठा सकते, जिससे तुमने इतने वायदे किए थे। तुममें इतनी हिम्मत नहीं थी कि अपने बाप से जाकर असलियत कह देते। इसलिए कि तुम्हारा प्रेम कॉलेज का प्रेम था, जिसकी कोई बुनियाद नहीं होती। तुम्हारे प्रेम के पांव नहीं थे, वह फकत उड़ना जानता था। जब ज़िन्दगी की असलियत के सामने तुम आए और इश्क ने अपने-आपको बेसहारा देखा, तुम्हारे सामने यह सवाल आया कि तुम और तुम्हारी होने वाली प्रिया, फकत प्रेम की बातों पर ज़िन्दा नहीं रह सकते। रहने के लिए मकान चाहिए, उसके लिए किराया चाहिए, पेट भरकर खाना चाहिए, दोनों वक्त चाय चाहिए और तुम चूंकि यह सब बोझ नहीं उठा सकते थे इसलिए तुमने यह बहाना किया कि मुझको दिखाई नहीं देता। उसमें तुमको बड़ा आराम रहा। घरवालों ने तुम्हारी खिदमत की। आराम से खाना मिला दोनों वक्त। न कुछ करने के लिए और इधर-उधर की मटरगश्ती करने के लिए तुमको काफी फुरसत मिल गई। बल्कि डॉक्टर की फीस भी तुम्हारे लिए खर्च होने लगी। मैं समझता हूं कि ऐसी पीढ़ी हिन्दुस्तान के लिए फायदेमन्द नहीं। अरे तुम आदमी हो तो तुममें इतनी हिम्मत नहीं कि तुम अपने बाप से कह दो, मैं अमुक लड़की से मोहब्बत करता हूं और उससे शादी करूंगा! तुमसे मैं तो कहूंगा कि तुममें हिम्मत ही नहीं है। तुम उस लड़की के साथ दगा कर रहे हो जिसके साथ तुमने इतने वायदे किए।''

''नहीं!'' जगन्नाथ ने भारी स्वर से कहा, ''मैंने किसी से कोई वायदा नहीं किया है।''

''वायदा नहीं किया, तो तुम्हें परेशानी किस बात की है? तुम्हारे दिमाग में कुछ यादें रह गई हैं। दिमाग में सबकी याद्दाश्त रहती है। मैं मनोवैज्ञानिक हूं जिसे साइकियेट्रिस्ट कहते हैं और मैं विदेश में भी गया हूं। आज का विज्ञान इन बातों को नहीं मानता, लेकिन

यह विज्ञान सीमित है। मस्तिष्क में जो स्नायु-तंतु होते हैं उनका पार्थिव रूप देखने से ही वास्तविकता का ज्ञान नहीं हो सकता। मॉलिक्यूल के स्तर पर जाने पर ही हम मस्तिष्क की वास्तविकता का कुछ आभास पा सकेंगे। मैं तो यहां तक मानता हूं कि मनुष्य की स्मृति मनुष्य के मरण के साथ समाप्त नहीं हो जाती। प्राचीन भारत में पुनर्जन्म का सिद्धान्त माना जाता था। वैष्णव और जैन यह मानते थे कि मनुष्य की एक आत्मा होती है। वह आत्मा शरीर में आती है, चली जाती है, अपने पाप-पुण्य के कर्मानुसार फल पाती है। गौतम बुद्ध यह मानते थे कि इस संसार में सब कुछ बदलता रहता है इसलिए आत्मा नाम की कोई वस्तु अमर और शाश्वत नहीं हो सकती। जब सब कुछ बदल रहा है तब उसको भी बदलते रहना आवश्यक है। जगन्नाथ! आज दुनिया इतनी तरक्की कर चुकी है कि जिसे हम लोग मैटर कहते हैं, यानी भूततत्त्व वह कुछ एलेक्ट्रोन और प्रोटोन के मिलन से बनता है। उसमें एक विद्युत्प्रवाह होता है। विद्युत का प्रवाह दो तरह का होता है, एक धनात्मक और एक ऋणात्मक—पॉज़िटिव और नेगेटिव। अब यह भी मिलने लगा है कि ठीक जिस भूततत्त्व से हमारी सृष्टि बनी है, एक भूततत्त्व ऐसा भी है जिसको एण्टी-मैटर कहा जा सकता है। आज विज्ञान यह कह रहा है कि, मैं तुम्हें बताऊं, रूस के वैज्ञानिक ने यह बताया है कि हमारा जल जो है यह समय की ऊर्जा है, एनर्जी। समझते हो न मेरी बात?''

जगन्नाथ ने कहा, ''समझ रहा हूं।''

''ठीक है, तुम इतने पढ़े-लिखे हो तभी इस बात को समझ रहे हो। एक रूसी वैज्ञानिक ने यह भी बताया है कि आइन्स्टाइन की थ्योरी भी गलत हो जाएगी। उसके हिसाब से एक लाख छियासी हजार मील एक सेकिंड में चलने पर कोई भी वस्तु डिसइंटीग्रेट यानी विकीर्ण हो जाएगी क्योंकि यह ज्योति की गति है, प्रकाश की गति है। लेकिन वैज्ञानिकों का मत है कि पृथ्वी का आकर्षण गुरुत्वाकर्षण, जिसको ग्रेविटी बोलते हैं, उसकी गति प्रकाश से भी अधिक है। इतनी बड़ी उलझन है, जगन्नाथ, तुम इसमें अपने प्रेम के लिए रो रहे हो! मैं कह रहा था तुमसे गौतम बुद्ध के बारे में। मैं भारतीय योगियों का काफी अध्ययन कर चुका हूं और तंत्रों का भी मैंने काफी अध्ययन किया है। मुझको ऐसा लगा है कि पहले आत्मा नहीं थी, पहले यह जड़ भूमि थी। धीरे-धीरे विकास में इस पृथ्वी पर अणुओं का ऐसा सम्बन्ध हुआ कि उनमें प्रजनन जैसा विकास होने लगा और जीवन का प्रारम्भ हुआ। होते-होते प्राणी एमीबा बना यानी एकरंध्रीय प्राणी और उसने विकास करके इस सृष्टि का विकास किया। लेकिन प्राणी अपनी इकाई को जीवित रखने की चेष्टा करता है, यह उसका अहंकार बना। इस अहंकार के मूल में उसका आत्मतत्त्व था। इस आत्मतत्त्व ने सृष्टि में निरन्तर विकास किया है और वही बढ़ते-बढ़ते उस चेतना के रूप में प्रस्फुटित हुआ है, जिसको हम आत्मा की संज्ञा दे सकते हैं, जो प्राण से भी परे है। आज का विज्ञान इतना उन्नत नहीं हुआ है कि हमारे योगियों की अनुभूतियों से टक्कर ले सके, जिन्होंने मनुष्य के अन्नमय कोष, मनोमय कोष और आत्ममय कोष की संज्ञाओं को समझ लिया था। मैं यह मानता हूं कि मरने के बाद हमारी चेतना स्मृतियों

को लेकर उसी प्रकार जीवित रह जाती है, जिस प्रकार दीपक के बुझ जाने पर भी प्रकाश की किरणें अन्तराल में भटका करती हैं। आज हम यह नहीं बता सकते कि पुनर्जन्म किस प्रकार होता है, लेकिन वह होता अवश्य है। अब विज्ञान यह बता रहा है कि जैनेटिक कोड—प्रजनन के नियम—भी बदलते जा रहे हैं। नई खोजें बताती हैं कि जीवित सेल यानी कोष जो होता है उसमें प्रोटीन होते हैं, वह उस कोष के कार्य को चलाने वाले अफसरों की तरह काम किया करते हैं, जो उसका विकास, उसके खान-पान, उसकी श्वास-प्रक्रिया इत्यादि के ऊपर अपना प्रभाव रखते हैं, लेकिन यह प्रोटीन नामक कार्य करनेवाले अफसर जो होते हैं उनके ऊपर एक और अफसर होता है, वह है कोष-केन्द्र, सेल न्यूक्लीअस। इस केन्द्र में वह सारी जानकारी होती है जिससे कोष को पता चलता है कि वह किस प्रकार अपना कार्य करे और कोष को यह अपने पूर्वज कोष से उत्तराधिकार में मिलता है, जबकि कोष अपने-आप अपना विभाजन करता है। इसको आज के वैज्ञानिक 'जिनि' कहते हैं जिसके द्वारा कोष को यह शिक्षा दी जाती है कि वह एक विशेष प्रकार के प्रोटीन का निर्माण करे। इससे तुम समझ सकते हो कि हमारी सारी मान्यताएं कितनी तेज़ी से बदल रही हैं। मनुष्य के इतने विराट संघर्ष के सामने तुम इस चक्कर में पड़ गए हो कि तुम्हें कुछ दिखाई नहीं देता! कमाल है भाई तुम्हारा! दिखाई देने की उम्र आने पर आपको दिखाई देना बन्द हो गया। यह तो साधारण-सी बात है कि आप किसी लड़की से प्रेम करते हैं! करिए! यह एक सहज आकर्षण है स्त्री-पुरुष का, हमेशा होता चला आया है। हमारा समाज अभी ऐसा नहीं बना है कि स्त्री-पुरुष को स्वतन्त्र प्रेम करने का अधिकार मिल जाए। लेकिन सवाल यह है कि स्वतन्त्रता की परिभाषा क्या है? इससे तो अच्छा यही होता कि हम ऐसे समाज में रहते हैं जिसमें सन्तान को पता ही नहीं चलता कि उसके माता-पिता कौन हैं। बच्चे पैदा होते अस्पतालों में और पलते होस्टलों में हैं। न मां-बाप का बच्चों पर अहसान होता कि हमने तुम्हें पाला! वैसे देखा जाए तो योगियों के हिसाब से कोई किसी का नहीं है, सब अपने दुःख-सुख भोगते हैं। यह मां-बाप, भाई-बहन ये सब दुनिया के नाते हैं, एक साथ दुनिया में रहने के लिए हम लोगों ने बना रखे हैं। आप अपने मां-बाप से अलग हैं, आपका अलग हाज़मा है, अलग वासना है, आपके रोग अलग हैं, आपकी दुःख की अनुभूति अलग है। क्या आप उस समाज को पसन्द करते हैं, जिसमें किसी को पता न हो कि मां-बाप कौन हैं और कौन बेटा-बेटी हैं? उस रूप में व्यक्ति को पूर्ण स्वतन्त्रता मिल सकती है। लेकिन वह स्वतन्त्रता बहुत बंधी हुई होगी क्योंकि इसमें फिर शादी नहीं होगी, शादी होते ही स्त्री और पुरुष को एक-दूसरे के लिए झुकना पड़ेगा। फिर तो ठेठ गांधर्व विवाह जैसे विवाह होंगे कि बच्चे की ज़रूरत है इसलिए कुछ दिनों के लिए स्त्री-पुरुष एक साथ रह लें और बच्चे पैदा हो गए तो होस्टल में भेज दिए। व्यापक दृष्टि से देखा जाए तो यह मनुष्य की अगली मंज़िल की कहानी है, लेकिन आज की दुनिया के लिए यह कल्पना है। उस दुनिया में अपने बच्चों के लिए पाप नहीं करने पड़ेंगे, उस दुनिया में बड़ों को अपने बच्चों के लिए मन नहीं मारने पड़ेंगे।''

जगन्नाथ ने कहा, ''लेकिन डॉक्टर साहब, दुनिया में यह कैसे पता चलेगा कि कौन

मेरी बहिन है, कौन मेरा भाई है? क्या उससे एक प्रकार से समाज में अनाचार नहीं फैल जाएगा?''

डॉक्टर ने मुस्कराकर कहा, ''अनाचार? दक्षिण-भारत में मामा-भानजी की शादी होती है। मुसलमानों में दूध को छोड़कर लड़के-लड़कियों की शादी हो जाती है। विलायत में आपस में चचेरे भाई-बहिन की शादी होती है। गौतम बुद्ध के समय में खास सगी बहिन से शादी करने में गौरव माना जाता था ताकि रक्त की शुद्धि बनी रहे। यह भाई-बहिन! यह सब समाज के दायरे की चीज़ें हैं जो युग-युग के हिसाब से बदलती हैं। पहले चार गोत्र छोड़े जाते थे, अब कहीं-कहीं दो गोत्र भी नहीं छोड़ते। पहले संकल्प से सन्तान होती थी अर्थात् जब जिसकी इच्छा हुई तब हो गई। फिर संस्पर्श से होने लगी अर्थात् अपने गोत्र के अन्दर। फिर मैथुन से होने लगी, अर्थात् गोत्र छोड़कर विवाह होने लगा और फिर द्वन्द्व से होने लगी, जिसमें लड़की अपना घर छोड़कर चली जाती है। मालाबार और कामरूप में मातृ-सत्ता है। ये जितने भी हमारी नैतिकता के बन्धन हैं सब हमारे बनाए हुए हैं। ये मातृ-सत्ता, पितृ-सत्ता से बने हैं। मातृ-सत्ता के समय में स्त्री इस बात की कल्पना भी नहीं कर सकती थी कि उसे अपना घर छोड़कर कहीं जाना पड़ेगा। तब पुरुष स्त्री के मातहत था, इसलिए वह यह समझता था कि स्त्री एक रहस्यमय प्राणी है, जिसमें से सन्तान जन्म लेती है, इसलिए वह देवी है। पितृ-सत्ता का विकास विज्ञान के विकास के साथ हुआ। जब पुरुष ने यह जान लिया कि प्रजनन में उसका क्या काम है, तब उसने स्त्री को अपनी दासी बनाने की चेष्टा की। तुम जिस स्वतन्त्र प्रेम की बात कहते हो, वह स्वतन्त्रता है क्या? समाज के अन्दर रहते हो, तो केवल स्त्री-पुरुष का यौन सम्बन्ध ही तो सबसे बड़ी चीज़ नहीं है। सेक्स की प्यास यह तो नहीं कहती कि सन्तान को पालना पड़ेगा, लेकिन तुम किस ममता से यह करते हो? किसलिए यह दुःख उठाने को तैयार हो जाते हो समाज में? संयम सबसे बड़ा है, जगन्नाथ! संयम की परिभाषा शरीर से नहीं हो सकती। संयम की परिभाषा मन से होती है। प्राचीन भारतीयों ने इस बात को समझा था इसलिए उन्होंने कहा था कि इस पर अंकुश रखो, लेकिन हम पश्चिम के मापदण्ड में बहे जा रहे हैं। हम व्यक्ति को खोज नहीं रहे हैं, व्यक्ति को कुंठित कर रहे हैं।''

''मैं देख रहा हूं, मैं देख रहा हूं डॉक्टर!'' जगन्नाथ ने कहा।

द्वार पर किसी की पदचाप सुनाई दी। डॉक्टर और जगन्नाथ ने मुड़कर देखा। हठात् द्वार पर से किसी के मुंह से निकला, ''नलिन!''

जगन्नाथ ने कहा, ''तुम अनिला! यहां?''

डॉक्टर स्तब्ध बैठा रहा और उसके होठों पर एक मुस्कराहट खेल गई। उसने कहा, ''आ जाओ, आ जाओ मोहिनी! भीतर आ जाओ! यह रहस्य मुझको नहीं मालूम था कि मैं इतने दिन से जिस जगन्नाथ और मोहिनी से उलझ रहा था वे कोई अनिला और नलिन थे।''

मोहिनी आकर कुर्सी पर बैठ गई। डॉक्टर ने कहा, ''तो तुम आ गईं! अब तुम

कविता नहीं सुना सकतीं मुझे?''

लड़की ने एक बार जगन्नाथ की ओर देखा और आंखें झुका लीं। डॉक्टर ने कहा, ''उधर मत देखो मोहिनी! जिन गीतों को तुम गाया करती थीं, उन गीतों के पीछे मर्म वेदना नहीं थी। अगर होती तो वह आदमी, जिसका तुमने भरोसा किया था, तुम्हारा हाथ नहीं छोड़ देता और तुम्हें इतना मोहताज बनकर नहीं रहना पड़ता।''

''मैं किसी की मोहताज नहीं हूं डॉक्टर!'' मोहिनी ने कहा, ''मुझे इस बात की कोई लज्जा नहीं है कि मैं स्त्री हूं। जिसने दुनिया में पुरुष बनाए हैं, मुझे स्त्री उसी ने बनाया है।''

''मोहताज तो हो मोहिनी! इतनी-सी बात के पीछे तुम्हारी बोलती बन्द हो गई, तुम इतनी बेवकूफ बन गईं कि जब डॉक्टर ने तुम्हें बिजली के करेंट के झटके लगाए, तुम्हें उस वक्त भी बोलने की हिम्मत नहीं हुई कि तुम असलियत खोल देतीं। तुममें डर समाया हुआ था; संस्कारों का डर, लोक-लाज का डर। तुम दूसरों को धोखा देने की कोशिश करती हो कि तुम किसी से प्रेम करती हो और तुम पर अत्याचार होता है, यह तो मैं मानता हूं, लेकिन अगर तुम अपने-आपको धोखा देने की कोशिश करती हो तो मैं उसको सिवाय बेवकूफी के कुछ नहीं मान सकता। बनीपार्क और बापू नगर के बीच फकत चार-पांच मील का फासला है और जयपुर जैसे शहर में एक जगह से दूसरी जगह पहुंचना कोई मुश्किल काम नहीं है, लेकिन तुम्हारे लिए यह फासला मीलों का हो गया था, जन्मों का हो गया था, क्योंकि तुम्हें यह ख्याल आता था कि तुम किसी के साथ विश्वासघात कर रही थीं।''

''किसी के साथ विश्वासघात कर रही थी? मैं नारी हूं और नारी सदैव समाज में कुचली गई है।''

''यह गलत है, यह गलत है,'' डॉक्टर ने कहा, ''यह बहुत बड़ा भ्रम है। स्त्री पुरुष को मूर्ख बनाकर रहती है। पुरुष को दिन-रात बाहर की दुनिया में ठोकरें खानी पड़ती हैं, तब वह मुश्किल से अपना पेट भरने लायक पैदा करता है। दुनिया का अपमान वही सहता है और स्त्री घर बैठी रहती है, लगे-बंधे हुए आदमियों पर शासन करती है जिनकी उससे मेल-मुलाकात होती है। और पुरुष एक हृदयहीन समाज में ठोकरें खाता है, जहां उससे कोई मेल-मुरव्वत नहीं रखता। क्योंकि इस समाज में हम एक-दूसरे की मेहनत का कम पैसा देकर फायदा उठाते हैं, क्योंकि हम, जिस प्रकार जीव का भोजन जीव है, अपने सारे व्यवहारों में उसी सिद्धांत पर काम करते हैं। यह बात रूस में भी है। अभी तक रूस में भी अतिरिक्त मूल्य है। फर्क यह है कि बीच के पूंजीपति वहां से हटा दिए गए हैं। लेकिन मुनाफा कहां से बचता है? किसीको कम देने से ही तो मुनाफा कुछ बचता है! स्त्री को क्या है! लगे-बंधे लोग है, जाने-पहचाने। उसने अपने को हिफ़ाज़त की जगह रख लिया है, खाना पका लेना, बच्चों को पाल लेना। तुम कहोगी बच्चों को पालना बहुत बड़ा काम है क्योंकि वह चौबीस घण्टों का काम है इसलिए मजबूर होकर पुरुष को उसे यह सहूलियत देनी पड़ी। पहले स्त्री का शासन था, इतिहास बताता है। उस ज़माने में

सब काम पुरुष किया करता था, स्त्री बैठकर आराम करती थी, बच्चों को पाला करती थी और पुरुष उसके रौब में रहा करता था। तब बुद्धि का काम स्त्री किया करती थी। स्त्री ने ही अपने तजुर्बे से खेती का काम कराया, लेकिन चूंकि वह बच्चों को पालती थी और खेती का काम कठिन था, तब उस जगह पुरुष को लगाया। लेकिन बाद में पुरुष को यह पता चल गया कि वह ही असल में प्रजनन का केन्द्र था तो उसने स्त्री को अपने आनन्द का साधन बना लिया। हर काम पहले से ही वह करता था इसलिए सबका स्वामी बना रहा और स्त्री के पास कुछ नहीं था इसलिए वह घर में बन्द हो गई। तब उसने स्त्री को आनन्द का साधन बनाया। स्त्री ने उससे विद्रोह किया और स्त्रीत्व की मांग की। कहा कि एक स्त्री के लिए एक पति आवश्यक है, अधिक नहीं। उस ज़माने में पुरुष यह मानते थे कि ऐसी स्त्री मुझको ज़्यादा फायदेमन्द होगी जो मुझसे ही बंधी रहे ताकि मुझे पता चल जाए कि मेरी सन्तान कौन है जो मरने के बाद मुझे पानी देगी। मेरी जायदाद मेरे बेटे को ही मिलेगी, इसलिए उसने इसे स्वीकार कर लिया। स्त्री ने स्त्रीत्व के द्वारा अपनी रक्षा की। लेकिन बाद में पुरुष ने अनेक स्त्रियां रखना प्रारम्भ किया। स्त्री उस अधिकार को रख नहीं पाई क्योंकि आर्थिक रूप से पुरुष पर निर्भर हो गई थी। उसने दूसरा काम किया कि घर की मालकिन बन बैठी! अब वह पुरुष, जो बाहर से कमाकर लाता था, उसके हाथ में रखने लगा। स्त्री ने कहा, मैं तेरी बनकर रहूंगी, तेरा फायदा करूंगी, लेकिन जो लाए, सो मुझे दे। पुरुष का अहंकार इसी में तृप्त हो गया। सब कुछ खर्च कर लो लेकिन उस पर मेरा हुक्म चलेगा आखिर में। इसलिए दोनों एक-दूसरे की प्रशंसा करते हैं, एक-दूसरे से ज़्यादा से ज़्यादा फायदा उठाने की कोशिश करते हैं। पुरुष यह कोशिश करता है कि स्त्री उसका सब काम करे और उसका सबसे कम खर्चा करे। स्त्री यह कोशिश करती है कि उसे अधिक से अधिक माल मिले और वह ज़्यादा आराम से रहे। लेकिन दोनों का अहंकार एक जगह जाकर मिल जाता है, झुक जाता है, गिर जाता है। उन दोनों का स्वार्थ एक जगह मिल जाता है, वह जगह है, जहां सन्तान के भविष्य का सवाल आता है; वहां पुरुष अपने पंजे समेटता है, स्त्री अपने सींग समेट लेती है और यों वास्तविक प्रेम जन्म लेता है ताकि लोक चल सके, दुनिया चल सके। विवाह के पहले का प्रेम वासना होता है और विवाह के बाद का प्रेम, जो दुनियादारी को निभाने की ज़िम्मेदारी अपने ऊपर ले लेता है, वास्तविक प्रेम होता है। कल जब तुम दोनों के बच्चे हो जाएंगे तब दोनों को मालूम होगा कि बच्चों को कितनी कठिनाई से पाला जाता है। उनके लिए कितनी कल्पनाएं की जाती हैं। मैं एक बात तुमको और बता दूं मोहिनी कि समाज का यह ढांचा व्यक्ति का पूर्ण विकास नहीं कर पाता। वह एक क्षुद्रता पैदा करता है परिवार के लिए। स्त्री और पुरुष जब निरन्तर मिलकर रहते हैं तो आवश्यक रूप से उनका काम-सम्बन्धी जीवन निरन्तर विस्तार पाता रहता है। आज के युग में संयम बहुत कठिन है। पहले के ज़माने में संयम केवल शारीरिक स्वास्थ्य को बनाए रखने के लिए माना जाता था और गृहस्थ-धर्म में अधिक संतान पैदा करना ही आवश्यक समझा जाता था; हिन्दुओं में, यहूदियों में भी, मुसलमानों में भी और ईसाइयों में भी।

उस अर्थ-व्यवस्था में अधिक संतान आवश्यक थी। आज की पूंजीवादी अर्थ-व्यवस्था में आपरेशन चल पड़े हैं। ब्रह्मचर्य का अर्थ ही बदल गया। अब संतान हो ही नहीं सकती। लेकिन तरीका बहुत मांसल है। इसमें मन की शान्ति का संयम कठिन है, यह मैं तुमको बता दूं। कितना बड़ा समुद्र सामने है, इसको हवाई बातों से पार नहीं किया जा सकता। इसलिए पुराने ज़माने के जितने भी भले आदमी हुए, संत, महात्मा, योगी, वे यही कहते रहे कि इस परिवार को छोड़ो, यह पाप की जड़ है। क्यों कहते रहे? आज का विज्ञान बताता है कि मनुष्य का अगला विकास उसके मस्तिष्क का विकास है यानी योग का विकास है और योग परिवार की इन संज्ञाओं के भीतर बन नहीं पाता। लेकिन आज जो बात मैं कह रहा हूं वह हो चुकी है। वह हज़ारों साल पहले की है। इतने हज़ार साल पहले की कि जब हम मातृ-सत्ता से पितृ-सत्ता की ओर आए थे। आज मैं ये जो सारी बातें कह रहा हूं ये कल्पना की बात लग सकती हैं लेकिन हज़ारों साल बाद पितृ-सत्ता नहीं रहेगी। क्रम-विकास में यह चीज़ भी मिट जाएगी। उस दिन के लिए मुझे इन्तज़ार नहीं करना होगा। असल परिवर्तन झटकों की क्रांति से नहीं आते, न क्रांति के झटकों से आते हैं, वे तो एक बौद्धिक विकास से आते हैं, तभी ऊपर से नीचे तक मनुष्य उसको समझता है। पर तुम स्त्री हो, संस्कारों ने तुमको ऐसा बना दिया है कि तुम पुरुष पर निर्भर रहना चाहती हो।''

''मैं किसी पर निर्भर नहीं रहना चाहती डॉक्टर साहब!''

डॉक्टर ने हँसकर कहा, ''आज के समाज में निर्भर बनकर रहना ही होगा, क्योंकि पुरुष इतना सुसंस्कृत नहीं कि स्त्री अपने सतीत्व को बिना किसी दूसरे पुरुष की रक्षा के जीवित रख सके। तुम पढ़-लिख ज़रूर गई हो। मास्टरनी बन सकती हो, सौ, दो सौ, तीन सौ रुपया कमा सकती हो, पेट भर सकती हो, लेकिन इससे निर्भरता नहीं मिट जाती। तुम अंधेरे में अकेली तो नहीं जा सकतीं! मुझे कहना तो नहीं चाहिए, लेकिन मैं कहता हूं तुमसे, क्योंकि तुम एक समझदार लड़की हो और मेरी बेटी जैसी हो, क्या स्त्री के साथ इज़्ज़त का सवाल नहीं है!''

''है, डॉक्टर साहब!''

''क्यों है?'' डॉक्टर ने पूछा, ''इसलिए कि पुरुषों में यह मान्यता है कि स्त्री भोग्य है। गंधर्वों में यह चीज़ नहीं थी इसीलिए हमारे यहां प्राचीन काल से ही स्त्री और पुरुष को समान भोग का अधिकारी बताया है। हम जिस दुनिया में रहते हैं वह दुनिया बदल रही है। मैं हज़ारों साल के क्षितिज के पार देख रहा हूं कि ये छोटे-छोटे परिवारों की दीवारें गिर जाएंगी, तब हमारे ये सम्बन्ध बदल जाएंगे। तब हमारे और तुम्हारे बच्चों के नाम नहीं लिए जाएंगे। संसार में जितने भी बच्चे होंगे वे सब परमात्मा के बच्चे होंगे। आज के बच्चे मां-बाप की सामर्थ्य के हिसाब से पाले जाते हैं, लेकिन तब समाज पालेगा। तब प्रत्येक व्यक्ति को कमाना पड़ेगा और हर आदमी इस बात के लिए टैक्स देगा, हर औरत इस बात के लिए टैक्स देगी कि हर किसी का बच्चा आराम से पल सके और उसको समान शिक्षा मिल सके। उस समय व्यक्तिगत सम्पत्ति नहीं होगी। उस समाज

में धर्म के बन्धन नहीं होंगे, जो परम्परा से मिलें, बल्कि व्यक्ति को अपना धर्म और सम्प्रदाय चुनने की स्वतन्त्रता होगी, क्योंकि वे एक बौद्धिक स्तर प्राप्त करने के बाद उसको अपने लिए चुनेंगे। उस समाज की रूपरेखा मैं स्पष्ट नहीं कर पा रहा हूं। मुझे इसके लिए बहुत समय की आवश्यकता पड़ेगी। वह समाज एक बहुत बड़े बौद्धिक स्तर के लिए लालायित है जो कई सदियों में मनुष्य प्राप्त कर सकेगा। लेकिन मैं उजाला देख रहा हूं, वह आएगा और आकर रहेगा। खैर! छोड़ो इन बातों को। अब तुम सोचकर मुझे बताओ कि क्या तुम इसी व्यक्ति से प्रेम करती थीं? क्या तुम अब भी इससे शादी करना चाहती हो? मैं तुम्हें एक बात बता दूं, इस आदमी को अब सब कुछ दिखने लगा है। अब यह अंधा नहीं रहा है। ठीक वैसे ही है जैसे तुम अब गूंगी नहीं रही हो।''

मोहिनी ने कहा, ''मैं किसी से प्रेम नहीं करती डॉक्टर साहब! जिसे मैंने प्रेम समझा था वह ऐसा था जैसे किसी दीपक की लौ जल रही हो और आवश्यकता से अधिक घी पिघल जाने से उसमें चरमराहट पैदा हो जाए जिससे उजाला अपनी स्थिरता को खो बैठे। मैं नहीं जानती कि प्रेम जैसी वस्तु पवित्र है या वासना है। हमको समाज में रहने के लिए दूसरों के लिए अपने मन को मारना उचित है या अपनी निरंकुश स्वच्छंदता में सबकी अवहेलना कर देना ठीक है? इन दोनों का मिलन कहां है डॉक्टर साहब?''

डॉक्टर ने कहा, ''तुम बता सकते हो जगन्नाथ?''

जगन्नाथ ने कहा, ''मिलन! इसका कोई मिलन नहीं है डॉक्टर साहब, यह तो मन की भावना है। सवाल यह है कि वासना कितनी तेज़ है और उसके पीछे बुद्धि कितनी कम है; और अगर वासना इतनी अधिक है कि वह हर चीज़ की याद भुला देती है और वह उतनी उत्कट प्यास बन जाती है कि फिर देह के लिए नहीं रहती, अपनी स्मृति के गुंजलक में लिपटकर अपने ही विष से तड़पने लगती है, तो हम उसे अरूप प्रेम कहने लगते हैं। इस संसार में कर्तव्य का पथ लोगों से, प्रेम से ऊपर बताया है। मैं कुछ नहीं समझ पाता डॉक्टर और मैं इस बारे में सोचना भी नहीं चाहता। पर यह बात मैं बिलकुल मानता हूं कि निन्यानवे फीसदी प्रेम प्रेम नहीं है, स्त्री और पुरुष का सेक्स का आकर्षण है।''

डॉक्टर ने हँस कर कहा, ''यह सब सभ्यता के कारण है मेरे दोस्त। यह कंप्लेक्स गांववालों में बहुत कम पैदा होते हैं। लड़की बारह साल की हुई, शादी कर दी; लड़का तेरह साल का हुआ, शादी के लिए तैयार! वहां सेक्स भूखा मरता ही नहीं। ज़्यादातर जातियों में यह होता है कि पति मर गया या पत्नी मर गई, फौरन दूसरी शादी कर ली। दुनियादारी में सब कुछ चलता है। वहां लोग यह कहते ही नहीं कि मुझे बीवी चाहिए। वहां तो यह कहते हैं कि रोटी-पानी का इंतज़ाम करने वाली चाहिए। वहां यह कब कहती है कोई औरत कि मुझे पुरुष चाहिए। मेरा एक कमेरा होना चाहिए जो कमाकर लाए, मेरे बच्चों को पाल सके। पढ़ा-लिखा वर्ग जो है इसमें क्या होता है? जब सेक्स की उम्र आती है, उस वक्त आप स्कूलों और कॉलेजों में पढ़ते हैं। आप सभ्य बनने में लगे रहते हैं। आपको शिक्षा दी जाती है, लेकिन आपको सदियों का ज्ञान दिया जाता है जो आपके

पुरखे छोड़कर मरे हैं। बताइए, अगर उस ज्ञान को आप न पा सकें तो आपका क्या नुकसान है?''

डॉक्टर ने फिर मुस्कराकर कहा, ''क्या बीसवीं सदी का मोर यह सोचता है कि सोलहवीं सदी के मोर ने किस प्रकार कूक लगाई थी? क्या आपने किसी घोड़े को यह सोचते हुए देखा है कि हज़ार साल पहले घोड़ा क्या सोचता था और क्या नहीं सोचता था? हमारा ज्ञान संचित ज्ञान है। यह हमारे संस्कारों में उतर आया है, यह हमारी प्रकृति बन गई है, लेकिन मूल प्रवृत्ति हमारी जो थी, वह पशुओं जैसी थी, उसमें अभी तक पूरा समन्वय नहीं हुआ है। इसीलिए जब हमारी ज्ञान-संचय की आयु होती है, तभी साथ-साथ हमारी सेक्स की आयु भी होती है और उसको हम घटाने की कोशिश करते हैं, क्योंकि अगर हम उसमें लग जाएं तो फिर ज्ञान-प्राप्ति नहीं होती। हम उसके लिए कामुक रह जाते हैं। पुराने ज़माने के लोगों ने कहा था कि भाई! ब्रह्मचर्य से रहो; और फिर वही ब्रह्मचर्य एक सिरदर्द लगने लगा लोगों को। लोगों ने सोचा कि पढ़-लिख लिए, शादी करके मुसीबत में क्यों पड़ें; बन गए संन्यासी! और...वह लम्बा किस्सा है, मैं तुम्हें क्या बताऊं, ब्राह्मण-क्षत्रियों के झगड़े! पर मैं यह चाहता हूं कि तुम दोनों यह फैसला करके मेरे पास आओ अलग-अलग, और मुझे बताओ कि तुम क्या चाहते हो। फिर मैं तुम्हारे पिताओं से बातचीत करूं। फिर वे क्या फैसला करते हैं, वह तुम्हें बता दूं, और फिर तुम दोनों मेरा पीछा छोड़ो! इस केस में मुझे कोई फीस नहीं पटने वाली है, क्योंकि मैं ईमानदारी से जानता हूं कि तुम्हारा दिमाग खराब नहीं था, तुम सिर्फ घबरा गए थे। तुम कायर थे, डरपोक थे, ज़िम्मेदारियों से भागना चाहते थे, इसलिए तुम लोगों ने यह नाटक खेला था।''

डॉक्टर चुप हो गया और उसने सिगरेट सुलगाई। पैकेट जगन्नाथ की ओर बढ़ाया। लेकिन उसने कहा, ''अब मैं सिगरेट तब पीऊंगा जब कमाने लग जाऊंगा।''

डॉक्टर हँसा और उसने कहा, ''दोस्त, उस वक्त भी यह ज़रूर ख्याल कर लेना कि जिस सिगरेट को तुम फूंककर धुआं बना देते हो, वह पैसा किसी गरीब को मिल जाए तो उसका पेट भर जाएगा और उस दिन तुम असली आदमी बन जाओगे।''

जगन्नाथ ने हँसकर कहा, ''तब तो शायद डॉक्टर साहब, जब मैं खाना खाने बैठूंगा तब भी मुझे याद आएगा कि बहुत-से आदमी ऐसे हैं जिनको खाने को नहीं मिला होगा और तब मैं आधा पेट खाकर ही उठ जाऊंगा।''

डॉक्टर हँसा और कहा, ''ठीक कहते हो। अब तुम्हारे दिमाग में आ रहा है कि समाज को बदलने के लिए सिगरेट और खाने-पीने पर बंदिश की ज़रूरत नहीं है। पैदावार के साधनों पर अधिकार करने की ज़रूरत है। किन्तु वह अधिकार कैसे हो?''

जगन्नाथ ने कहा, ''वह मैं सोचूंगा डॉक्टर साहब, क्योंकि मैं यह मानता हूं और अब मानने लगा हूं कि आज की अर्थ-व्यवस्था मनुष्य को प्रभावित करती है, समाज में; लेकिन उस अर्थ-व्यवस्था को चलाता है अहंकार। आज अहंकार के प्रकटीकरण का साधन धन है। धन अहंकार नहीं है इसलिए उस समाज को लाना होगा जिसमें व्यक्ति का विकास

समाज के विकास के साथ-साथ हो।''

मोहिनी ने देखा और कहा, ''तो फिर सिगरेट पी लीजिए।''

डॉक्टर ने कहा, ''आप नहीं पिएंगी?''

''मैं नहीं पिऊंगी!''

''क्यों?''

''क्यों! औरतें नहीं पीतीं।''

''क्यों, औरतें विलायत में पीती हैं और वहां बिलकुल बुरा नहीं माना जाता, लेकिन आप इसलिए नहीं पीतीं कि हिन्दुस्तान में जो औरतें सिगरेट पीती हैं वे बदचलन मानी जाती हैं आपके वर्गों में! वरना देहात में आप जाएं तो चालीस साल के बाद औरतें हुक्का और बीड़ी बहुत पिया करती हैं। यह तो समाज की मर्यादाएं हैं। सब चलता है।'' डॉक्टर ने कहा, ''अब आप लोग कल सोचकर आइए और जवाब दीजिए! मैं कल आपका इन्तज़ार करूंगा!''

13

डॉक्टर ने दीनानाथ की ओर देखकर कहा, ''आप बैठिए। इस वक्त मेरे तीन कमरों में तीन आदमी बैठे हुए हैं। एक में आपका लड़का है, एक में वह लड़की है जिससे आपका लड़का शादी करना चाहता है और तीसरे कमरे में उस लड़की का बाप बैठा है। आप शायद उसे जानते हैं, वह वही आदमी है जो आपके साथ पहले दिन मेरे पास आया था। उसका नाम हरबंसलाल है, वह बनीपार्क में रहता है। उसकी लड़की बीसेक साल की है और बी. ए. पास है। हरबंसलाल उसकी एक इंजीनियर के साथ कानपुर में शादी तय कर चुके हैं और इसी मार्च में कर देना चाहते हैं। आपका लड़का एम. ए. है, पारसाल अच्छे नम्बरों से, जैसा कि आप कहते हैं, आर. ए. एस. में वह आ ही गया होगा लेकिन इंटरव्यू में वह न जा सका। आपका यह कहना कि वह इंटरव्यू में इसलिए नहीं गया कि उसको दिखाई कम देता था, गलत है। उसमें इतनी हीनत्व की भावना है कि वह अपनी पर्सनैलिटी को बहुत कम समझता है। आपके लड़के की बातों से मैंने जान लिया है कि वह ज़िम्मेदारी उठाने से डरता है, उसमें हिम्मत नहीं है इसलिए वह इंटरव्यू में नहीं गया, क्योंकि उसके दिल में यह बात बसी हुई थी कि वह वहां नहीं लिया जाएगा। मैंने ठोक-पीटकर उस लड़के से बात कर ली है, उसमें हिम्मत नहीं है, बोल्डनेस नहीं है। आज का युवक इतनी तरक्कियां, इतने विकास देखकर एक तरह से हताश हो गया है। वह देख रहा है कि दुनिया में ईमानदारी काम नहीं दे रही है, वह ऐसे लोगों को सुख पाते हुए देखता है जो बिलकुल बेवकूफ हैं, जिनमें कोई कल्चर नहीं है। मैं आपको एक बात बता दूं, आप मेरे मरीज़ नहीं हैं, लेकिन आप मेरे मरीज़ के रिश्तेदार हैं। आज मैं आपसे असली तौर पर बात करूंगा। मेरे पास मनोविज्ञान के क्षेत्र के तरह-तरह के मरीज़ आते

हैं, उन लोगों का मस्तिष्क बिगड़ा हुआ होता है, इसलिए मुझे उनसे बात करते वक्त उनको अक्सर ही दिमागी झटके देने पड़ते हैं। मैं बहुत-सी ऐसी बातें करता हूं कि वे वैसे अगर देखी जाएं या सुनी जाएं तो लोग कहेंगे कि मेरे बड़े विचित्र विचार हैं। लेकिन ऐसा कुछ नहीं है। जैसा मरीज़ मेरे पास आता है वैसी ही मैं उससे बात करता हूं। कुछ लोगों को यह वहम होता है कि वे बहुत समझदार हैं। इस तरह के वहम कभी-कभी इंसान को ऐसी जगह ला पटकते हैं कि उसे दिखाई देना बन्द हो जाता है या उसकी बोलती बन्द हो जाती है। खैर! इन बातों को छोड़िए, ईमानदारी की बात तो यह है कि मामला बहुत सहज है। आपका लड़का उस लड़की से शादी करना चाहता है, दिल में उसके यही है। यों हम तर्क-वितर्कों से यह साबित कर लें कि जवानी बेवकूफ होती है, जवानी में समझ नहीं होती। स्त्री-पुरुष के आकर्षण की अपनी एक वास्तविकता है। प्रेम ज़रूर है। वह एक उम्र की बात है। प्रेम की सचाई क्या है, उसकी वासना का क्या रूप है, वह मैंने उनके सामने खोलकर रख दिया है। अब आप बताइए! हरबंसलाल से मैंने बात कर ली है, वह इस बात में बड़ी तौहीन समझता है कि उसकी जाति के बाहर उसकी लड़की की शादी हो। लेकिन वह अपनी लड़की से इतनी ज़्यादा मोहब्बत करता है कि वह हर हालत में उसकी खुशी चाहता है और दूसरी सचाई यह है कि लड़का कुछ कमाता नहीं है। ऐसी हालत में अगर शादी कर भी लेता है तो वह अभी तो अपनी बीवी को कमाकर नहीं खिला सकता। आप क्या पसन्द करेंगे कि वह शादी न करे और अपना मन मारकर रहे, या शादी कर ले और जब तक पैरों पर खड़ा न हो तब तक आप उसको सपोर्ट करें?''

दीनानाथ ने कहा, ''डॉक्टर साहब, इस दुनिया में सब चीज़ें बहुत आसान हैं। लड़का प्रेम में पड़ गया है। कायदे से उसकी उस लड़की से शादी हो जानी चाहिए। एक कायदा यह भी है कि जब वह मां-बाप के कहने से नहीं चल रहा है और खुद पैरों पर खड़ा होना चाहता है, तो उसको मनमानी करने से पहले अपने को समर्थ बना लेना चाहिए।''

डॉक्टर ने कहा, ''तो गोया आप यह मानते हैं कि अगर वह खुद कमाता हो, तो उसे अन्तर्जातीय विवाह करने की आज्ञा आप दे सकते हैं, उसमें आपको एतराज़ नहीं होगा?''

दीनानाथ ने कहा, ''होगा ज़रूर! मन में खटका होगा, इसलिए कि वह लड़की जो आएगी हमारे घर में घुल-मिल तो पाएगी नहीं। खास तौर पर लड़के की मां की उस लड़की से पटेगी नहीं।''

डॉक्टर ने कहा, ''वैसे आजकल अपनी जाति की लड़कियों के साथ भी कहां पटती है। वह ज़माना गया जब बहू घर में आया करती थी, घर में रहा करती थी। अब तो सभी अलग हो जाया करती हैं। मैं आपको पच्चीसों मिसालें बता दूं!''

दीनानाथ ने हँसकर कहा, ''लेकिन डॉक्टर साहब, इस नये ज़माने को देखते हुए ही तो लड़के का बाप आजकल ज़्यादा से ज़्यादा दहेज लिया करता है। वह जानता है कि लड़की आएगी और उसके लड़के को छीनकर ले जाएगी। तो जो वह एक पला-पलाया

लड़का देता है अपने पास से, तो वह दिल में यह सोचता है कि जो कुछ रकम मैंने इस लड़के पर लगाई है वह वापस ले लूं, जितना दहेज मिल जाए, उतना ही ठीक! अगर यह मान लिया जाए कि साहब, लड़कीवाले बड़े भोले होते हैं, तो कमाऊ पूत देखकर ही क्यों लड़की की शादी करते हैं? हमने यह कहीं नहीं देखा कि सड़क पर भंगी-मेहतर झाड़ू लगाता है, उस पर किसी मोटरवाले की लड़की आशिक हो गई हो। सिनेमा में ज़रूर कहीं-कहीं दिखाया जाता है। दुनियादारी है। मेरी तरफ से डॉक्टर साहब, कुछ भी हो जाए, खास अफसोस की गुंजाइश नहीं है। मैं तो देख रहा हूं वे दिन गए, जब मां-बाप को लड़कों से उम्मीद करनी चाहिए थी। अब तो नये ज़माने में यही होगा। मैं इसमें क्यों अड़ंगा बनूं! शादी कर लेने दीजिए, मुझे कोई एतराज़ नहीं है।''

''आप अपनी खुशी से यह बात कह रहे हैं?'' डॉक्टर ने कहा।

दीनानाथ ने उत्तर दिया, ''फिर आप वही बात कर रहे हैं, डॉक्टर साहब! इसमें मेरी खुशी का क्या सवाल है?''

डॉक्टर ने कहा, ''आप अपने लड़के को बचपन में बाज़ार लेकर जाया करते थे और वह रास्ते में किसी खास खिलौने कि लिए मचल जाया करता था, तो उसको वह खास खिलौना दिला दिया करते थे। तब आप कभी एतराज़ नहीं करते थे। अब उसे एक खास लड़की से मोहब्बत है और वह चाहती है उसको, तो फिर आप क्यों अड़ंगा डालते हैं?''

दीनानाथ ने कहा, ''डॉक्टर साहब, आप इतने पढ़े-लिखे आदमी होकर ऐसी मिसाल दे रहे हैं। खिलौना और लड़की एक ही चीज़ हो गईं! लड़की जानदार चीज़ होती है और मैं आपसे क्या अर्ज़ करूं कि वह खिलौना नहीं होती।''

''तो आपका मकसद यह है, आप लड़के की शादी नहीं चाहते?'' डॉक्टर ने कहा।

''लेकिन चाहने की कोई वजह नहीं है।'' दीनानाथ ने कहा, ''लड़का आज़ाद है, मैं आज़ाद हूं। मैं यह मानता हूं कि अपनी मर्ज़ी से लड़का मेरे यहां पैदा नहीं हुआ था। मैंने उसको पाला, पोसा, बड़ा किया। कुछ हद तक इसमें यह सचाई थी, यह मैं उससे उम्मीद करता था कि जब मैं बूढ़ा हो जाऊंगा तब वह मेरी मदद करेगा, लेकिन मुझे अब यकीन है कि वह मेरी मदद नहीं कर पाएगा। अब मेरे सामने यह सवाल आता है, जिस तरह वह अपनी मर्ज़ी करके खुश रहना चाहता है और उसके लिए आज़ाद है, उसी तरह मैं क्यों आज़ाद नहीं हूं अपने मन की करने के लिए? शादी करे, अपनी खुशी से करे और अपना काम संभाले, मुझे कोई एतराज़ नहीं है। पश्चिम में ऐसा नहीं होता है, वहां बाप के ऊपर निर्भर रहकर लड़का शादी नहीं किया करता। थोड़े दिनों में जब इस तरह हुआ करेगा तो हम लोगों का चिंतन भी इसके साथ ही बदलता चला जाएगा। अब यह थोड़े ही है कि इंगलैण्ड में बाप को अपने बेटे से मोहब्बत नहीं होती, या मां को अपने बेटे से मोहब्बत नहीं होती। चाहते हैं, ज़रूर चाहते हैं, लेकिन चाहने-चाहने का फर्क हो जाता है। आखिर भाई-भाई अलग हो जाते हैं तो कुछ तो मोहब्बत कम हो ही जाती है। लेकिन इन सब चक्करों में क्या रखा है डॉक्टर साहब? आपकी फीस कितनी होगी

इस इलाज में?''

''मेरी फीस!'' डॉक्टर ने सोचते हुए कहा, ''मेरी फीस कुछ नहीं है। अगर आप यह समझते हों कि मैंने आपके लड़के का अंधापन दूर किया है और यह ठीक किया है, तब आप मुझे फीस का हकदार समझिए। अगर आप समझते हैं कि मैंने इसमें गलती की है तो आप मुझे कुछ मत दीजिए। मैं आपसे मांगता तो हूं नहीं। मैं तो इसे लिखूंगा, जो आप मुझे देंगे उससे मैं कहीं ज़्यादा कमा लूंगा, क्योंकि मेरी असली आमदनी तो किताबों के ज़रिये से है। कल मैंने आपके लड़के को एक दार्शनिक झटका दिया कि पुनर्जन्म होता है लेकिन आत्मा अमर नहीं होती। लेकिन वह बौद्धों के अनात्म जैसी भी नहीं होती, उसका अपना-अपना व्यक्तित्व होता है, तो वह इस बात को समझ नहीं पाया और मुझे यकीन है कि आप भी उसे समझ नहीं पा रहे हैं। कल मैंने उसको यह भी बताया कि मनुष्य तभी सुखी होगा जब यह परिवार नाम की चीज़ टूट जाएगी।''

''क्या कहा?'' दीनानाथ ने कहा, ''परिवार नाम की चीज़ टूट जाएगी! यही तो चीन में किया जा रहा है, वहां भी तो यही हो रहा है।''

''जी नहीं, मैंने इस बात को बिलकुल नहीं कहा।'' डॉक्टर ने उत्तर दिया, ''चीनवाले व्यक्तिगत सम्पत्ति हटाने के लिए परिवार को तोड़ रहे हैं, ज़बर्दस्ती। मैं ज़बर्दस्ती में विश्वास नहीं करता। और परिवार का अन्त मैं इसलिए कह रहा था कि मनुष्य का चरम लक्ष्य अपना बौद्धिक विकास करना है, जो उसके मस्तिष्क पर निर्भर है। वह योग के विकास से हो सकता है और इन जातीय बंधनों से योग का विकास रुकता है। इसलिए परिवार नाम की चीज़ टूट जाएगी। मैं जानता हूं आप इस बात को सुनकर हँसेंगे। मैं एक तरफ परिवार तोड़ने की बात कह रहा हूं और दूसरी तरफ स्वतन्त्र प्रेम की बातें कर रहा हूं। लेकिन मैं समझता हूं, यह क्रम विकास में कई हज़ार साल बाद आएगा। यों आप देखिए तो हमारे संत-महात्मा, गांधी, कार्ल-मार्क्स सब यही कहते थे कि सम्पत्ति के कारण सारे झगड़े हैं, इसको छोड़ देना चाहिए। यही हमारे तीर्थंकर कहते थे, यही हमारे गौतम बुद्ध कह गए हैं। सवाल यह है कि इसका तर्क क्या है? युवकों में एक तरह की विद्रोह की भावना आ रही है। आप कहेंगे, नौजवान यह कहेंगे कि मैं हर नई चीज़ का विरोधी हूं लेकिन वस्तुतः इस तरह की बात नहीं है। नई होने से ही कोई चीज़ नई नहीं हो जाती। देखना यह है कि वह सचमुच नई भी है या नहीं। यूरोप में उच्छृंखल यौवन आज 'एंग्रीमेन' कहलाता है। क्योंकि बड़ी-बड़ी बातें सुनता है लेकिन सचाई में उसको कहीं नहीं पाता। इसलिए एक तरह का मानसिक असंतुलन हो गया है। हमारे यहां भी यह मानसिक असंतुलन चल रहा है। कुछ लोगों में यह फैशन हो गया है कि जो अनर्गल हो वही ठीक है। फिर ये हवाएं आती हैं, चली जाती हैं और इन हवाओं के अन्दर बहुत-से तिनके इधर-उधर उड़ा करते हैं और फिर यह प्रमाणित किया जाता है कि उनके अन्दर उड़ने की शक्ति है। लेकिन तिनके उड़ा करते हैं हवाओं के साथ और फिर लुप्त हो जाते हैं। चीज़ यह है कि हमें कोई ऐसी जगह तो बनानी होगी जहां हमारे ये मूल्य खड़े हो सकें।''

दीनानाथ ने सोचते हुए कहा, ''आप उन लोगों को यहीं क्यों न बुला लें, हम लोग

खुलकर क्यों न बात कर लें!''

''चलिए उसी कमरे में भीतर चलें! वे तीनों उस कमरे में हैं भीतर! अब चाय आने वाली है। अभी उस लड़की के पिता को यह नहीं मालूम है कि आपका पुत्र उनका होने वाला दामाद है। यह ज़रूर है कि लड़का और लड़की एक-दूसरे को पहचानते हैं। हरबंसलालजी को यह मालूम है कि उनकी लड़की का दिमाग खराब यों है कि एक प्रेम का ही पचड़ा है, तो वह भी काफी तैयार हो गए हैं।''

दीनानाथ और डॉक्टर भीतर कमरे में पहुंचे। भोला चाय रख गया। डॉक्टर ने बैठकर सिगरेट सुलगाई और जगन्नाथ की ओर पैकेट बढ़ाया। जगन्नाथ सकपका गया और उसने अपने पिता की ओर देखकर कहा, ''नो-नो, थैंक्स!''

''क्यों?'' डॉक्टर ने कहा, ''इसमें क्या बात है? अपने बाप के सामने पान खा सकते हैं, लेकिन सिगरेट नहीं पी सकते! बातें पश्चिम की करते हैं, लेकिन हिन्दुस्तानीपन नहीं गया! अपने बाप के सामने खाना खाते हो, तो फिर सिगरेट क्यों नहीं पी सकते? क्यों साहब, आपको कोई एतराज़ है?''

''मुझे इसमें क्या एतराज़ हो सकता है!'' दीनानाथ ने कहा, ''ज़माने-ज़माने की बातें हैं। यूरोप में लड़का बाप के सामने शराब भी पीता है, लेकिन वह बुरा नहीं माना जाता। और फिर साहब,'' दीनानाथ ने सांस खींचकर कहा, ''यह तो आज़ादी का ज़माना है। मुझे कोई एतराज़ नहीं है। लड़का जवान हो गया है। मेरी तो अर्ज़ यह है कि अपने पैरों पर खड़ा हो जाए और गले में से जो बोझा है वह उतर जाए। फिर यह अपनी शादी करे और सुख से रहे। आशीर्वाद देने की प्रथा पुरानी पड़ गई है हिन्दुस्तान में, अब तो मैं कांग्रेच्यूलेट कर सकता हूं। मुझे और कुछ नहीं चाहिए।'' और फिर दीनानाथ ने मुड़कर कहा, ''हरबंसलालजी, आप जानते हैं यह लड़का कौन है?''

हरबंसलाल ने कहा, ''मैं तो नहीं जानता!''

''जी!'' दीनानाथ ने कहा, ''यह रिश्ते में मेरा बेटा लगता है और ये शायद आपकी साहबजादी हैं?''

''जी हां, जी हां'' हरबंसलाल ने कहा।

दीनानाथ ने कहा, ''डॉक्टर साहब ने यह पता लगाया है कि इन दोनों में कॉलेज में प्रेम था। इसलिए ये महोदय अंधे हो गए थे और आपकी साहबजादी गूंगी हो गई थीं। अब डॉक्टर साहब का कहना है कि इन दोनों की शादी हो जानी चाहिए। मुझे कोई एतराज़ नहीं है। आपको है?''

हरबंसलाल जैसे तैयार बैठा था। उसने कहा, ''मुझे एतराज़ क्यों होने लगा? अब मैं इस ज़िम्मेदारी से भी छूट गया कि एक लड़का लड़की के लिए ढूंढ़ना है। पहले मुझे यह सब सोचना पड़ता कि लड़के के रिश्तेदार कौन-कौन हैं, लड़का क्या कमाता है, हारी-बीमारी है, आगे कौन काम आएगा, कौन काम नहीं आएगा? अब मैं इन ज़िम्मेदारियों से भी आज़ाद हो गया। लड़की खुद समझदार है, पढ़ी-लिखी है, जवान है। अपना आगापीछा सोच सकती है। वह शादी कर ले, मुझे क्या एतराज़ हो सकता है! पाल-पोसकर हमने

तैयार कर दी। अब यह सुख से रहे। हमको कोई एतराज़ नहीं है साहब। अब ये डॉक्टर साहब, दोनों अपनी शादी कर लें और अगर चाहें तो हमको बुला लें, दावत-वावत इनके कानून में हो तो, क्योंकि शादी तो शायद व्यक्तिगत मामला है, उसका समाज से क्या मतलब! लेकिन अगर हो तो दावत में तो हमको बुला लिया जाए।''

डॉक्टर ने चाय बनाकर बांटते हुए कहा, ''भाई, यह ठीक नहीं है। इसमें आप लोग खुश नहीं हुए!''

''डॉक्टर साहब, इसमें खुशी की गुंजाइश ही क्या है?''

क्षण-भर के लिए कमरे में एक नीरवता-सी छाई रही। डॉक्टर के याद दिलाने से वे लोग फिर चाय पीने लगे। जगन्नाथ ने एक घूंट में ही प्याला समाप्त करके रख दिया।

डॉक्टर ने कहा, ''समाज मर्यादाओं के बल पर चलता है और वे युग की मान्यताओं के कारण बनती-बिगड़ती हैं। ऐसे समय में जब कई पीढ़ियां आपस में टकराती हैं तो उनमें एक तरह का संघर्ष हो उठना स्वाभाविक ही है। बात अनेक प्रकार से हम लोग उधेड़-उधेड़कर देख चुके हैं। हम जिस दुनिया में रहते हैं उनमें कई स्तर हैं। मनुष्य बर्बर अवस्था में भी रहता है, मनुष्य साम्राज्यवाद और पूंजीवाद बनाकर भी रहता है, मनुष्य साम्यवाद का अधिनायकत्व बनाकर भी रहता है। इसके साथ हमारी पुरानी मान्यताएं धर्मों के रूप में भी विराजती हैं। एक ओर मनुष्य अभी तक भूखा मर रहा है तो उसकी भूख देखकर भयंकर विप्लव की आवश्यकता दिखाई देती है, लेकिन उस भूख के साथ पलते हुए अज्ञान को देखकर आंखों में आंसू आने लगते हैं, क्योंकि वही उस शोषण के मूल में विराजमान हैं। वर्ग का वर्ग शोषण नहीं करता। एक वर्ग के अज्ञान का दूसरा वर्ग शोषण करता है अपने ज्ञान से। यदि हम इस बारे में गहराई में जाएं तो शायद हम इस नतीजे पर पहुंचेगे कि जो बुद्धिमान वर्ग है वह इसलिए है कि उसने अधिक परिश्रम करके अपने ज्ञान को संचित किया है, क्योंकि मनुष्य के विकास की दौड़ में वे लोग अधिक जागरूक रहे। ऐसे समय में इतने बड़े संघर्ष के युग में व्यक्ति के आत्मसन्तोष का यह प्रश्न कितना बड़ा मूल्य रखता है, मैं इस पर सोचने को बाध्य होता हूं। आप दोनों ने अपना निर्णय दे दिया है और तुम दोनों क्या कहते हो भाई?''

जगन्नाथ ने दृढ़ता से कहा, ''मैं अपने पिता की बात को मानता हूं और एक संशोधन करना चाहता हूं। मानता यह हूं कि मुझको विवाह तब करना चाहिए जब मैं आर्थिक रूप से स्वतन्त्र हो जाऊं। मैं यह भी मानता हूं कि विवाह मेरा व्यक्तिगत मामला नहीं है, वह एक सामाजिक विषय है, क्योंकि विवाह प्रारम्भिक वासनाओं में समाप्त नहीं हो जाता। उसके पीछे सन्तान आती है और संतान के साथ समाज आता है। लेकिन यह जाति-प्रथा जो इस समय अड़ंगा डाल रही है वह बड़ी लचर चीज़ है। इसलिए मैं यह बिलकुल आवश्यक नहीं समझता कि इस चीज़ की परवाह की जाए। माता-पिता की बात को स्वीकार करना मुझे मंजूर है लेकिन वह उस जाति-प्रथा की परम्परा के अन्दर ही क्यों बंधी रहे? जाने या अनजाने बिरादरीवाद जो पल रहा है यह न केवल हमारे देश के लिए वरन् समग्र मानव के विकास के लिए हानिकारक वस्तु है। इसलिए इसको तोड़ने

के लिए मैं आज नहीं तो कल ज़रूर ही अन्तर्जातीय विवाह करूँगा। अगर मोहिनी इस बात का इन्तज़ार कर सके तो वह मेरे लिए एक बहुत संतोष की वस्तु होगी।''

''और तुम क्या कहती हो, मोहिनी,'' डॉक्टर ने कहा।

मोहिनी ने कहा, ''मुझे बोलना तो नहीं चाहिए लेकिन मैं यह ज़रूर कहूंगी कि जो माता-पिता का प्रेम किन्हीं शर्तों पर मिल सकता है, वह एक सामाजिक दिखावा है, उसके पीछे मूल में रागात्मक वृत्ति नहीं है। आप कहेंगे कि हम लोग अपने लिए कुछ विशेष सुख-सुविधाएं चुन रहे हैं, वे उनको दुःखदायी है; लेकिन सवाल यह है कि वे दुःखदायी क्यों हैं? केवल समाज के कारण से ही न! वैसे तो उसमें दुख-सुख की कोई बात नहीं। अगर वे इसकी कीमत मांगें कि हमने इतने दिन तक रोटी खिलाई थी, इसलिए हमें परम्परा की चक्की में पिसना पड़ेगा तो मैं उसके लिए तैयार हूं। लेकिन इसी शर्त पर कि आयन्दा के लिए विवाह बन्द हो जाए और बच्चे न हों ताकि उनके ऊपर मां-बाप का अहसान भी न हो, ताकि हम लोग उनकी इच्छाओं को न कुचलें।''

हरबंसलाल की आंखें जैसे विक्षोभ से जलने लगीं। उसने डॉक्टर से कहा, ''डॉक्टर, मैं जाता हूं। मैं इस लड़की का मुंह भी नहीं देखना चाहता।''

''लेकिन,'' दीनानाथ ने हरबंसलाल का हाथ पकड़कर कहा, ''ठहरिए, हरबंसलालजी! जहां विद्रोह समाप्त होकर समर्पण प्रारम्भ हो रहा है वहां आप जाने की उतावली क्यों कर रहे हैं?''

हरबंसलाल ने आश्चर्य से कहा, ''खत्म हो रहा है कि शुरू हो रहा है?''

डॉक्टर ने कहा, ''मुझे यह जानकर बहुत प्रसन्नता हुई कि मोहिनी और जगन्नाथ में अभी हिम्मत बाकी है, अभी इनमें इंसानियत है। मेरा काम सफल हुआ है। मैंने इन लोगों का इलाज कर दिया है, अब कायदे से पहले मिस्टर हरबंसलाल और मिस्टर दीनानाथ, आप मेरी फीस चुकाइए क्योंकि मैंने इन दोनों को आज़ाद कर दिया है।''

''मैं आपकी फीस चुकाता हूं,'' दीनानाथ ने कहा और उसने जगन्नाथ का हाथ पकड़कर मोहिनी के हाथ में मिला दिया और हरबंसलाल की ओर देखकर कहा, ''अब कहिए!''

हरबंसलाल ने आंखें नीची करके उत्तर दिया, ''अब मैं क्या कहूं! मुझे कुछ भी कहना शेष नहीं है।''

लेकिन मोहिनी और जगन्नाथ ने अपने-अपने हाथ पीछे खींच लिए और जगन्नाथ ने कहा, ''नहीं बाबूजी, यह नहीं! जहां स्वतन्त्रता नहीं वहां यह समस्या इस तरह नहीं सुलझ सकती। कौन-से छोर पर जाकर सारी बातें मिल जाएंगी इसका हल अभी तक नहीं हुआ। सवाल सिर्फ यह नहीं है कि दो व्यक्तियों का पारस्परिक सम्बन्ध हो, यह तो समाज की व्यवस्था का सम्बन्ध है। व्यक्ति के मूल अधिकार क्या हों, उसको सोचने का प्रश्न है। यौवन में एक आकर्षण होता है। मुझे यह कहना नहीं चाहिए, क्या वह इतनी बड़ी समस्या है बड़ों के लिए, कि वे उसमें अड़ंगा डालें? संयम की सीख वे दे सकते हैं। यह भी सत्य है कि हमारे अधिकांश प्रेम वासनामय होते हैं और केवल आकर्षण

होते हैं लेकिन इसके बावजूद हमको यह अधिकार होना चाहिए कि हम अपना साथी चुन सकें।'' उसने डॉक्टर की ओर देखा और डॉक्टर ने मोहिनी की ओर।

चारों व्यक्ति चार कोनों की तरह खड़े थे और डॉक्टर आतुर दृष्टि से अंतिम निर्णय की प्रतीक्षा कर रहा था और उसने देखा कि मोहिनी ने सहसा ही जगन्नाथ का हाथ पकड़कर कहा, ''तुम क्यों डावांडोल हो रहे हो? मैं हिन्दू स्त्री हूं और हिन्दू स्त्री तन-मन से एक ही बार अपना पति चुनती है। इसलिए अब मैं पीछे नहीं हट सकती क्योंकि यह मेरे लिए अधर्म होगा।''

हरबंसलाल की आंखों में खुशी नज़र आई।

दीनानाथ का सिर झुक गया। लेकिन डॉक्टर ने धीरे से बड़बड़ाकर कहा, ''उसी संस्कार के आडम्बर की शरण में जाकर फिर से लोक-कल्याण की ओर ले जाने वाले व्यक्ति के स्वातंत्र्य की भावना को घोंट दिया गया, क्योंकि अभी तक व्यक्ति और समाज आपस में पूरी तरह से अपना समन्वय नहीं कर सके हैं।''

❑❑❑